及川和男

村長ありき

―沢内村 深沢晟雄の生涯

れんが書房新社

旧制二高時代（仙台）

旧制一関中学のころの深沢晟雄

新婚時代のミキ夫人と深沢晟雄

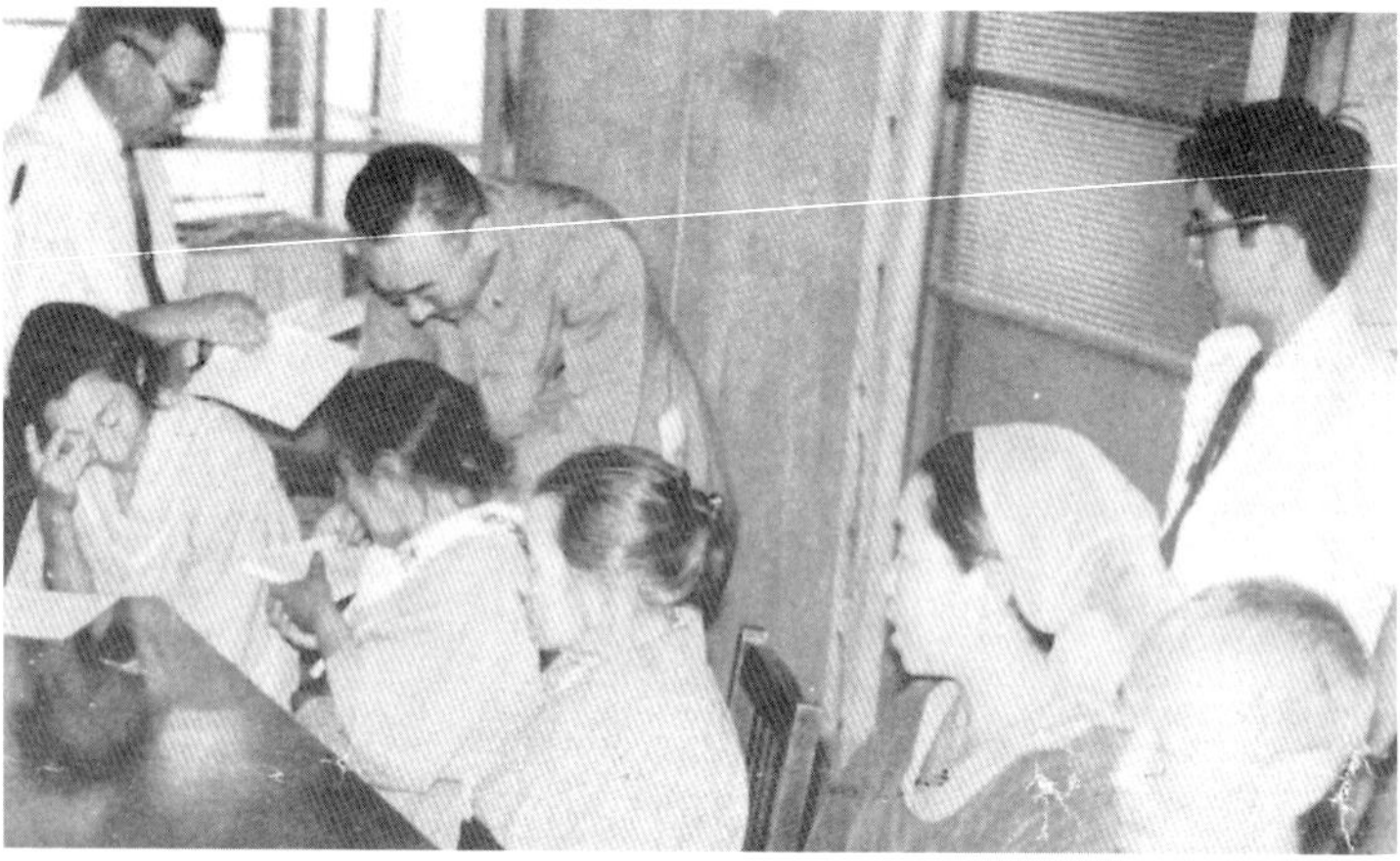

老齢年金の給付
老人をいたわる氏の理念から、沢内村独自の〈老齢年金〉を設ける。年金を手渡す深沢村長にうれしさで涙ぐむ老人もいた。1958年から実施。

村政座談会での氏は、いつも笑顔で住民と語り合った。（右から二人目）

開通式でハサミを入れる深沢晟雄

豪雪突破冬季交通確保（1963・2・2）
夢といわれた冬期バスの運行を〈ブルドーザー村長〉のニックネームさえつけられて、とうとう盛岡までの交通を確保。

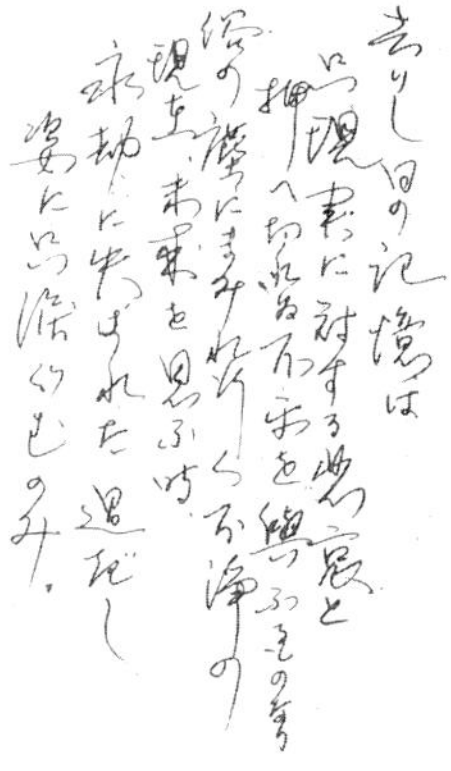

村長室で一服つけてくつろぐ（1964.1）
右はアルバムに書き添えられていた自筆

ミキ夫人・母タミ（1965年）

沢内病院前に建てられた胸像

1964年10月、NHK仙台中央放送局に行くときの深沢氏とミキ夫人。これが最後の記念写真となってしまった。

目次

カバー写真　中越信輔
グラビア写真　深沢晟雄の会・照井富太・著者提供
装　丁　羚羊社

村長ありき

沢内村　深沢晟雄の生涯

序章　悲しみの雪

昭和四十年（一九六五年）一月二十九日、岩手県和賀郡沢内村は、降りしきる雪のなか、深い悲しみに沈んでいた。

奥羽山脈の東麓《とうろく》にへばりつく豪雪の村沢内に、その冬の雪は遅かったが、それでもすでに積雪は一メートルをはるかにこえ、山々に囲まれた全村が白一色に塗りこめられていた。その上に、雪はしんしんと降りつもる。ほとんどの家々にかかげられた半旗を消しこんでいくかのように。

深沢晟雄《まさお》村長が、前日の夕刻、入院先の福島医大病院で食道ガンに肺炎を併発して死去したという知らせは、すでに全村民に伝わっていた。

村を南北に貫く沢内街道のあちこちに、大勢の村びとの姿があった。深沢村長の遺体が、まもなく帰村する。沿道の人びとはもちろんのこと、腰までつかる雪をかきわけ、除雪された街道にたどりつき、深沢村長の無言の帰村を迎えようとする村びとの姿は、刻々とふえつつあった。雪で全身を白くしながら、人びとはじっと佇《たたず》んで北の方を見ている。

同村最北端の貝沢地区。ここより先に人家はない。そこにも大勢の人びとが出迎えていた。村議会議員や役場職員、村立病院関係者ら村のおもだった人びと約五十人と、貝沢地区の老若男女多数が、真北の山伏峠のほうを見つめている。早朝に福島を発った村の車は、盛岡を経て沢内村に向かいつつあった。

村びとのなかには、提灯《ちょうちん》を持つ者、線香を手にする者の姿も見られた。冬の日は短い。降りつづける雪の空は、静かに薄暮の色を宿しはじめていた。

深沢村長のなきがらを待つ人びとのなかに、村の保険課長高橋清吉、保健婦の田中トシ、病院長加藤邦夫、副院長増田進らの姿もあった。みんな黙ったままであった。

「村びとの生命を守るためにわたしは命をかける」と言った深沢村長はもういない。高橋清吉は悲しかった。一週間前、福島へ見舞いに行ったとき、深沢村長はベッドの上に上体を起こし、

「わざわざご苦労だったねえ」

と静かに言った。「味噌漬を食べたい」ということを聞いて、清吉は自分の家の味噌漬を持っていった。村長は痩せてやつれていた。しかし、死の床にいる人とはまったく思えなかった。「二月の議会までには帰る」と言って入院した村長だった。必ず元気になって村へ帰ってくると清吉は信じていた。なのに、なんということだろう。もう深沢村長と酒を飲むことはできない。

俺のような者の言うことを、村長はほんとうによく聞いてくれた。酒の勢で、ずいぶん狼藉《ろうぜき》な話もしたが、村長はにこにこしながら耳を傾けてくれた。吹雪のときなど、「うちへ泊っていきなさい」と声をかけてくれる人だった。自分を課長に抜擢《ばってき》してくれたのも深沢村長だった。国保の赤字や滞納で、肩身のせまい思いで役場の片隅にいた自分に、教育長になった当時のあの人は親しく声をかけてくれた。あれから十年のつきあいだった。

「村長さん、なして死んだ」――清吉は、同じことを幾度も心につぶやいて、きのうからの悲しみ

に耐えてきた。その心に、どうしようもない空洞が生じている。

小柄な田中トシも、悲しみそのもののような寒気にじっと耐えていた。去年の夏、加藤院長にこっそりと呼ばれ、深沢村長の病気を知らされた。あのときの驚きは忘れることができない。手術と看護に当ってほしいという加藤院長の表情も沈痛であった。

手術は、村立病院の親病院である秋田県横手市の平鹿《ひらか》総合病院で行なわれた。深沢村長と深い信頼に結ばれていた立身政一《たつみせいいち》院長の執刀で、六時間に及ぶ大手術であった。

術後の看護の日々、トシは辛かった。村政に空白を与えてはならないと必死に回復をねがう深沢村長と、献身して看病に当るミキ夫人の姿に接しながら、トシは祈るような思いで看護に没頭した。しかし、事態は最悪の結果となってしまった。かけがえのない人をわたしたちは失ってしまった。生命行政に命をかけ、多くの村びとの命を救った人が、わずか五十九歳で世を去るとはなんという皮肉だろう。トシは口惜しくてならなかった。

昭和二十三年（一九四八年）に村の診療所の看護婦になったトシが、高橋清吉の執拗《しつよう》で熱心なすすめに動かされ、保健婦としての活動をはじめた時期とほとんど同じに、深沢村政はスタートした。それから八年、村は大きく変わった。全国でも乳児死亡率最高位の岩手県にあって、沢内村のそれはトップという最悪の状態から、わが国初めての乳児死亡ゼロへと至る苦難の道程に、深沢村長の姿は絶えず村びとと共にあった。

はじめて出会った頃は、なんとなく近よりがたい感じがあった。鋭い眼光と、高い前評判のせいかもしれなかった。しかし、清吉やトシたちの仕事に深い理解をもち、毎月の保健委員会のときだけでなく、折にふれて保健活動のこと、村民の健康状態のこと、赤ちゃん一人ひとりの様子などについて声をかけてくる優しい態度に接するにつれ、トシの初印象は遠くへ去った。村の赤ちゃんコンクールのときの柔和な笑顔は特に忘れられない。

トシは、雪にかすむ街道の奥を見つめながら、冷めたくなった深沢村長のなきがらを待ちうけるこの今の刻《とき》が、一場の悪夢であってほしいとねがわずにはおれなかった。

加藤邦夫院長の胸にも、さまざまな思いが去来していた。はじめは三、四カ月のつもりで沢内村へ来た自分だったが、もう五年になる。それはまさしく深沢村長との出会いによるものだ。生命の尊厳尊重こそ政治の原点であり中心でなければならないとする村長の政治哲学と情熱に、自分はしたたかに打たれた。夜を徹して語り合ったことも数えきれぬほどあった。

加藤院長が着任した当時、病院は崩壊していたに等しかった。親病院の立身院長の力添えがなかったならば、事態はもっと深刻であったにちがいない。そのときから二年間、深沢村長の理念を具体化する計画づくりに全力をあげた。すこやかに生まれ、すこやかに育ち、すこやかに老いるという目標を実現するために、誰でも（どんな貧乏人でも）、どこでも（どんな僻地《へきち》でも）、いつでも（二十四時間、三百六十五日、生涯《きょうじゅ》にわたって）、学術の進歩に即応する最新最高の包括医療サービスと、文化的な健康生活の保障を享受できるようにという「沢内村における地域包括医療の実施計画」が、こうして策定された。その作業の全過程に、深沢村長はなみなみならぬ情熱を注いだ。あの情熱を宿した肉体は、すでにない。加藤院長は、なんとも無念でならなかった。ようやく軌道に乗った時だけに、思えば思うほど無念であった。

そのとき、雪の街道の遠くに、ぽっちりとヘッドライトが見えた。

「村長さんだ」

と誰かが言った。人びとの間に重いどよめきが起きた。ゆっくりと近づいてくる車は、たしかに病院のワゴン車だった。山伏峠のトンネルを越えた車は、静かに出迎えの人びとの群れに近づいてくる。手を合わせる老人や主婦たちの間に、すすり泣きの声が溢れだしていた。


その頃、村の中心部の太田地区にある深沢村長宅にも、多くの人びとが悲しみをこらえて詰めかけていた。

喜寿になる母親のタミは、一人息子の晟雄の先立つ死に打ちのめされていた。しかし、とり乱した様子は見せず静かに念仏をとなえつづけていた。

助役の佐々木吉男は、頭がいっぱいであった。村長の死をみとったあとは、知らせを聞いてかけつける村の幹部や弔問の人びととの応接、諸手配に忙殺された。解剖が行なわれ、霊安室で夜を明かし、汽車で帰村してその後の指揮をとらなければならなかった。政治家の死は、その一面に非情なものがつきまとう。口に出す出さぬの別はあっても、後をどうするか、という問題が動きだす。篤《とく》実《じつ》な佐々木助役にとって、それはたまらないことであった。

「幽霊でもいい、村長さん現われてほしい」

それが佐々木助役の偽らざる心境であった。ゆうべも霊安室でそう言った。

「もう山伏峠は越えたべか」

誰かがぽつりと言った。居合わせた人びとは、なんとなく外のほうを見やるようになった。雪囲いされた家には、すでに電燈がついていた。人びとは黙っていた。あわただしいなかに訪れた、一瞬の空白のような静寂さがあった。

「幽霊でもいい、村長さん現われてほしい」

佐々木助役は思わずそう言っていた。相槌《あいづち》をうつように、みんなうなずいた。そのとき、タミが低い声で言った。

「晟雄は、福島さ入院する日、おもてさ車を待たせているのに、この家ン中、丹念にまわっていたですよ。つるしてある着物などにさわったりして、ゆっくりとまわっておりした。最期だと思ったのではないかねえ」

佐々木助役はぎくりとした。しかし深沢村長は、最後まで、「ダメだ」とか「死ぬ」という言葉は一言も吐かなかったとミキ夫人は語っていた。佐々木助役は、昨夏の手術以後の苦しかった日々を思いおこしていた。手術後、立身先生は佐々木助役に告げた。できるだけのことはするが、大変だ、と。あの日からの辛さは、かつて経験したこともないひどさだった。村長の前で平静に振舞うことに耐えてきたが、家に帰る夜道でどれほど苦しい息を吐いたことか。隠してはいても、村長はさとってしまったのだろうか。いや、そんなことはない。入院する前日、十二月議会の第一日目に、村長は特に発言を求めて言った。

「私が病気のために長く役場を留守にして恐縮しております。いろいろと心理的な面につきまして不安を与えたことについて、村民の皆さまに申しわけなく、深くお詫び申しあげます。幸い病気の経過は順調にいっておりますが、体力のほうはまだ回復いたしておりません。別の面に悪いところがないかと留意をして、検査もともなってすすめておる状態です。大筋としてはおかげさまで回復をいたしておりますが、もうしばらく療養させていただきたいと存じます」

思えば、あれが村議会での最後の発言になってしまった。あのとき誰が村長の死を予想しえただろう。「大変だ」ということを知っていた佐々木助役にしても、こんなにも早い死は思いもかけないことだった。肺炎さえおこさなかったら、と悔やまれてならない。なんとしても無念だ。

佐々木助役は、飾られた深沢村長の遺影に目をやった。温和な顔だった。目のきれいな人だった。困難にぶつかったとき、新しいことをはじめようとするとき、とりわけその目は輝いた。不意にこみあげてくる熱いものがあった。佐々木助役は遺影から視線をはずした。胸を押しつぶしてくる悲しみをこらえながら、「この人は沢内村を救った人だ。豪雪と多病多死、貧困のどん底にあった村の新生に、あかあかとかがり火を燃えたたせた人だ。ほんとうの政治、ほんとうの自治を教えた人だ」と思った。

その日の岩手日報は、深沢晟雄《まさお》村長の死を大きく報じていた。そして、死去を悼《いた》む三人の談話を載せていた。

沢内村議会議長久保俊郎氏の話

深沢氏は最近、健康にすぐれないようだったが、せい去の報を聞き、全くぼう然としています。心から哀悼の意を表したい。同氏は生命の尊重を村政の目標とし、乳児死亡率ゼロの功績をはじめ、半年間は雪にとざされる同村に、ブルドーザーなど導入し、交通確保につとめるなど、行政手腕は大きく、自然的、経済的に恵まれない同村民の精神的支柱であった。常に若い情熱を燃やし、健康で豊かな村づくりにすべてをかけた人だった。いま、同氏を失い、村民一同悲しみにくれているが、同氏の残した多くの功績は、沢内村民の心に永久に残るであろう。

鈴木県厚生部長の話

深沢氏は人間尊重の政治理念を公約として村の健康づくりを第一にとりあげた方だった。あの山間の村に展開された村民医療の実績と三十七年の乳児死亡ゼロの記録は全国に誇る偉業だと思う。

〝沢内に続け〟という県内の健康づくりがやっと軌道にのりかけたやさきにおなくなりになったのは実に残念だ。しかし私たちは深沢氏の遺志をりっぱに受け継ぎ、県内の乳児死亡絶滅運動に全力を傾けていきたい。昨年十一月岩手日報文化賞受賞の時に人間尊重の情熱を語った深沢氏の姿が、いまだにまぶたにやきついている。

沢内村婦人会連合会副会長、村保健連絡員加藤マサさんの話

十年前の私どもは、子供を育てることに自信がなく、冬季間、子供のかげんが悪くなったりすると、逃げだしたくなったほどですが、いまは沢内村に住んでいることに、自信と喜びを感じています。保健活動の推進者であり、婦人会の育ての親でもある深沢さんになくなられ、悲しみのことばもありません。

夕闇の迫る沢内街道を、深沢村長の遺体を乗せた車がゆっくりと南下していた。六台の車に前後を守られ、降りつのる雪のなかを静かにすすむ。柩《ひつぎ》の上の白菊は雪よりも白かった。そのかたわらにつき添うミキ未亡人と、菩提寺の浄円寺住職広田浄賢師。

提灯の火が雪のなかに揺れ、線香の煙が流れる沿道の人びとに、ミキ夫人はくりかえしくりかえし頭をさげる。

――あなた、帰ってきましたよ。ほら、こんなにも大勢の方々が迎えて下さっている。

ミキ夫人は、かたわらの柩にそっと心でつぶやいた。車は、すがり寄る人びとのためになんども停まった。

手を合わせて念ずる老婆、幼子を抱きあげて、「ほら、おまえの命の恩人だよ。忘れんでねえよ」と涙を流す母親。ミキ夫人は、ただただ頭をさげるのみだった。

車は、若畑、川舟、泉沢、猿橋と沿道の各地区に停車をくりかえしながら、太田の深沢宅へ向かった。

その日、若畑小学校の校長山口卓郎は、次のような献詩を深沢村長に捧げた。

岳《だけ》の主峯《しゅほう》をめざす
　一条の道
道は一条の哲理
　やがて
銀峯の果てに陽《ひ》は落ち

やがて
空の一点のともしびとなる
ああ
うつつなき光と化す

ひとたびは、沢内村のカマド返しと悪罵《あくば》された村長深沢晟雄は、こうして無言の帰村をとげた。

この日、六千村民のうち、二千をこえる人びとが雪の沿道を埋めたという。

悲しみの雪は、全村を深く覆って降りに降った。

第一章　沢内の子

　東北新幹線の下り列車が北上駅に滑りこむ直前、鉄橋を渡る。その眼下を流れる川が和賀川《わがかわ》である。和賀川は、鉄橋のすぐ下で北上川に合流している。岩手県内の北上川支流では最も長い、七十五・三キロの全長である。この川は、かつて、南部と伊達《だて》の藩境であった。

　和賀川の上流はイワナやヤマメの宝庫であり、下流でもアユ釣りの姿が見られる。この和賀川を深くさかのぼった奥羽山脈の山あいに沢内村はある。

　車でなく沢内村を訪れようとする人は、北上で北上線に乗りかえ、和賀川に沿って真西の奥羽山脈に向かう車中の人とならなければならない。秋田県横手市へ至る北上線が、県境近い陸中川尻駅（現在ほっとゆだ駅）に近づく頃、右手車窓に巨大なダム湖が見えてくる。昭和三十九年（一九六四年）完成の湯田ダムによって出現した錦秋湖《きんしゅうこ》である。

　和賀川はここで、脊梁《せきりょう》山脈に沿って北へ向きを変える。陸中川尻駅に降り立った人は、途中、湯本温泉を経由して、和賀川づたいに北上するバスで沢内村に運ばれるのである。

　沢内村は山のなかである。四囲を奥羽の山々に囲まれた高原性盆地である。その面積は二百八十八・四七平方キロ。南北二十八キロの中央部を、和賀岳（千四百四十メートル）に発した和賀川が南流する。その流れをはさんで千四百ヘクタールの耕地が拓《ひら》け、中央部を沢内街道（主要地方道盛岡・横手線）が走っている。

人口五千弱（昭和五十八年）の沢内村。山間に忽然《こつぜん》としてひらけるこの村を遠望するとき、かつて南部藩の隠田とされたわけがうなずかれる。民謡「沢内甚句」で、「沢内三千石　お米の出どこ升ではからねェで　コリャ　箕《み》ではかる」とうたわれ、それを裏づける古記録もあるが、寒冷多雪の山間にあっての米づくりは苦難をきわめた。三年に一度は凶作に見舞われる上、世に聞こえた南部藩の苛斂誅求《かれんちゅうきゅう》で、人びとは絶えず飢渇《きかつ》にさいなまれてきた。餓死供養塔の目立つ岩手のなかにあっても、沢内通りは最も民の苦難深き地に数えられるのである。

沢内村の極度の貧しさは、近代に入ってからもつづいた。宿命の豪雪で半年近くも車馬の交通は絶え、冬は寝食いのような状態となる。男たちは蟹工船、鰊《にしん》漁などの仕事を求めて、北海道へ出稼ぎに渡る。残った者も炭焼きでからくも厳冬を生きのびる。粗衣粗食に耐える村びとたちは健康を害し、病気は多発する。村に医者はなく、また医者にかかる余裕もない。村びとの命は短く、貧しさはさらに深まる。凶作に見舞われれば娘を売る、ということが昭和に入ってからもあった。

このような沢内村に、今は、ほとんど連日のように、しかも二組、三組と全国各地から視察・見学の人びとが訪れる。東南アジア諸国等からも来る。村びとはもう、外国人を珍しいとは感じない。なぜ人びとは沢内村へやってくるのだろうか。それは、沢内村の村ぐるみの保健活動に学ぶためである。行政と病院と村民が一体となって、共同の力で切りひらいてきた沢内村の保健活動。明るさと自信にみちた村びとたち。訪れた人びとは、深い感動と共に、自治というものについて考えこまされる。

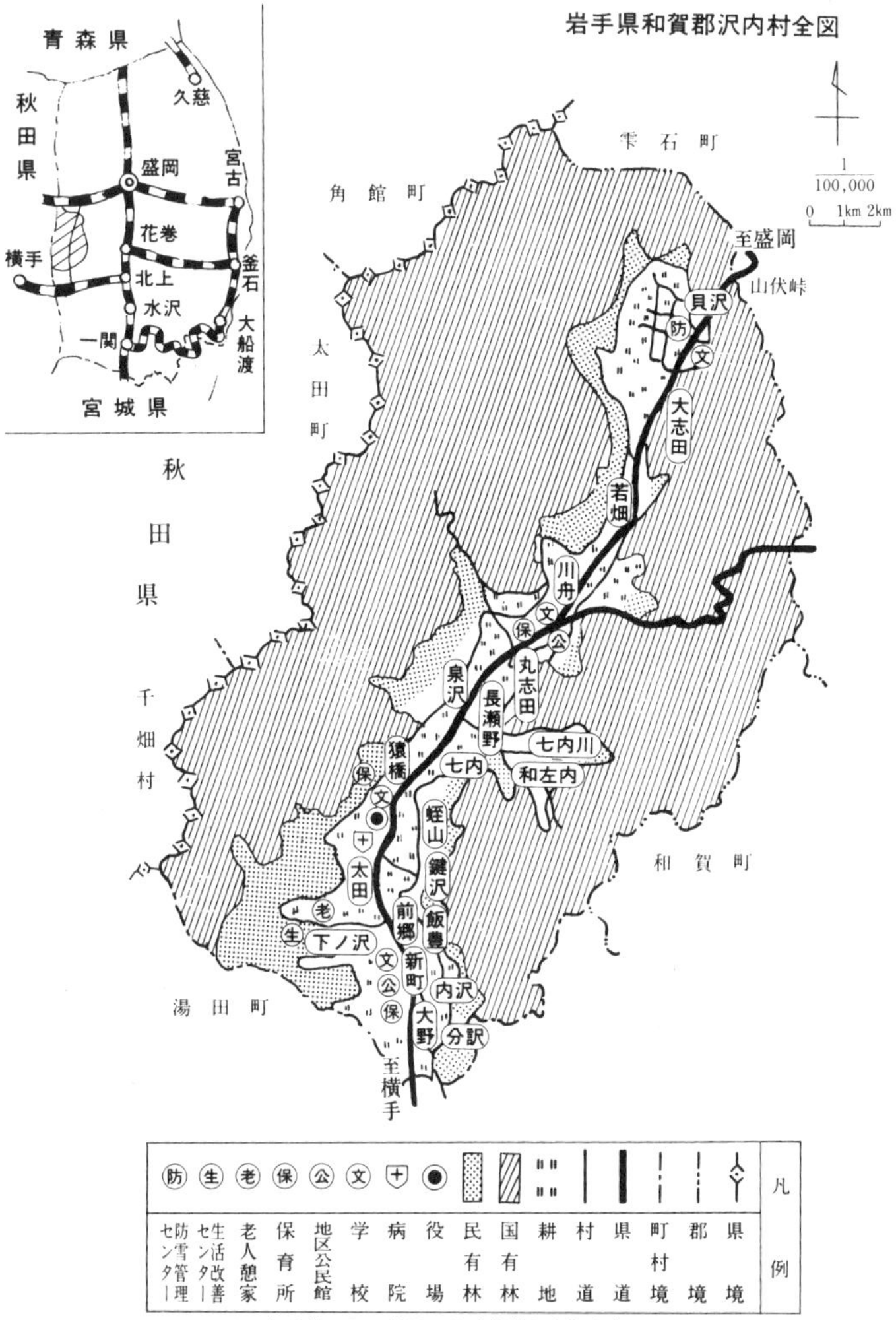

資料：昭和54年度第二期山村振興計画基礎調査報告書

もちろん沢内村とて、現代の荒波をまともに浴びざるをえない。高度経済成長は、日本の農村を深部から揺り動かした。過疎化と農業の危機の進行は、保健活動のメッカとさえいわれる沢内村にも困苦を強いている。しかし、沢内村はかつての沢内村ではない。人びとが理想に向かって力を合わせるならば、人間とは十分に何事かを成しうるのだ。沢内村は、そのことを強く教えている。

この沢内村新生への端緒を拓いた人こそ、今はなき深沢晟雄であった。

深沢晟雄《まさお》は、明治三十八年（一九〇五年）十二月十一日、沢内村字太田の小地主の家に生まれた。父初市郎（のち晟訓《まさくに》と改名）、母タミの長男である。

晟雄が生まれたとき、曾祖父母、祖母が健在であった。祖父は晟雄の生まれる前年になくなっている。深沢家は代々農を営んできたが、地主であり、自ら汗することはなかった。しかし、曾祖父の仁五郎が県議会議員となってからは、その政治活動で財を失い、晟雄が生まれた頃は、父母が一部自作をはじめていた。

四十四歳で早死した祖父晟訓は、その父仁五郎の政治活動によって家運の傾く苦労を体験し、「政治にかかわってはならない」と初市郎らに固くいましめた。祖母スヘは、それを夫の遺言とも思い定め、悲運を嘆くたびにそのことをくりかえした。

晟雄の生まれた年の九月、日露講和条約議定書が調印されている。いわゆるポーツマス条約であり、日露戦争はこれによって終結した。旅順陥落、奉天占領、日本海海戦の勝利と、日本国中が沸きたち、戦勝気分にひたっていた国民にとって、日露講和の内容は屈辱的なものであり、政府に対する激しい不満が爆発した。日比谷焼打ち事件が起こり、東京市中は混乱におちいった。それはまた各地に飛火した。

一方、この年、東北地方は大凶作に見舞われている。とくに岩手はひどかった。七月、低温と霖《りん》雨《う》がつづき、稲の発育はまったく不良であった。さらに九月中旬には暴風雨が襲来した。この結果、平年作の三分の一という大凶荒になった。

生まれたばかりの赤ン坊にとって、これらはまったくかかわりのない出来事であるのだが、しかし、深沢晟雄の生涯を考えるとき、これはきわめて意味深い歴史の刻印のように思われる。

晟雄は、祖母スヘにかわいがられて育った。祖父に似ている晟雄を、スヘはいつくしんだ。

その後、初市郎タミ夫婦は子宝に恵まれず、晟雄は一人っ子として愛育された。明治四十五年（一九一二年）春、晟雄は新町小学校太田分教場に入学する。学校は、家から歩いてすぐの所にあった。眼玉のくりっとした晟雄は、明るい利発な子であった。腕白の部類ではなかったが、元気があった。しかしどういうわけか、体操や唱歌は苦手だった。後年、酒席でも歌わなかった。無理に求められると、母校の旧制二高の校歌を歌う始末であった。

晟雄の入学した年の七月、世は明治から大正になる。九月十三日、明治天皇の大葬が行なわれ、この日から三日間、学校は休みになった。この頃、第三次桂内閣を総辞職に追いこむ、いわゆる「大正政変」の導火線に火がついていた。日露戦争後の財政困難のもとで、西園寺《さいおんじ》内閣はその解決に当ることを迫られていたが、陸軍からは二個師団増設という強い要求をつきつけられていた。今ふうにいえば、行革と軍事費拡大の対立である。繰り延べされていた増師問題は、大葬後に再燃した。

上原陸相は、朝鮮に二個師団増設の要求を閣議に提出、閣議はこれを財政上不可能として否決する。これによって上原陸相は単独辞表を提出し、後任難で西園寺内閣は総辞職した。こうして第三次桂内閣が生まれるのだが、「増師反対・閥族打破・憲政擁護」を旗じるしとする第一次憲政擁護運動が、同時に猛然とまきおこってくる。この運動は政治家や実業家だけでなく、かなり広範な民衆を含んだものであった。世論も澎湃《ほうはい》として起こった。これに対し桂首相は、議会の停会や詔勅の威を借りた戦術で対応するが、とうとう大正二年（一九一三年）二月十日、数万の群集に議事堂を包囲され、組閣後二カ月ほどで総辞職に追いこまれた。民衆は、政府系新聞社や警察を次々に襲撃し、軍隊が出動した。この騒ぎは、大阪や神戸等にも広がった。

この「大正政変」は、明治憲法のもとではじめて、民衆運動の高揚が倒閣を生みだしたものといわれている。大正デモクラシーの最初の波頭でもあり、現実政治の中心に民衆が登場しはじめたことを告げるものでもあった。

もとより、ほやほやの小学生晟雄にこのような時代の波動は伝わるべくもない。電気もないランプ生活の山間の僻村《へきそん》にあっては、ごく一部の有識者が何日遅れかの新聞をとっているにすぎない。冬ともなればそれさえ途絶えがちであった。富山の薬売りとか、時たまの行商人などによって、村の外の出来事は伝えられる。

「どこそこの誰が、北海道の炭鉱さ出稼ぎに行って、月に十円も十五円も送ってよこす」というような話は、しかしすばやく伝わった。川仕事の人夫賃が、男五十銭、女三十銭というような時代である。岩手県平均で反当り一石七斗とか二石という米の豊作の年でも、沢内村の田は一石ほどしかとれない。稗《ひえ》、粟、大根などを混ぜた「かてめし」は普通であり、米だけのめしは、盆や正月などの祝い日に口に入るだけであった。

子どもの目にも、この貧しさは鮮明に映った。恵まれた環境にある自分と比べて、まわりを見まわすとき、貧しさのどん底にいる人びとのくらしが悲しく哀れに思われた。

当時、沢内村は無医村であった。村の保健活動年表によれば、「病気になれば祈禱・占い、言い伝えの草根・木皮に頼るものが大部分であり、富山の置き薬が最善の療法であった」という。「死亡すれば、川尻まで死体を運んで死亡診断書を受けた」という記述もある。埋葬のためにはどうしても死亡診断書が必要だった。生まれて間もない赤ン坊が死ぬと、お坊さんに拝んでもらうだけで埋葬されたりしたが、大人の場合はそうはいかなかったのである。

冬、死者が出ると橇《そり》に乗せて隣村へ運んだ。医者を求めて湯本温泉のある川尻まで、三里、四里という雪道を往復するのだった。重篤の病人を運ぶ場合は箱橇が使われた。行きには息のあった者が、帰りは冷いむくろになってみじめに戻ってくる。馬の背のように真中が盛りあがった雪道を、家族や親類、近くの屈強な男たちが動員されて箱橇を押し、引いていく。うっかり馬の背から滑り落ちれば、姿も見えなくなるほどにまわりの雪は深い。吹雪のときなどは運ぶも呼ぶもできないのである。

「ああ、また箱橇がいく……」

街道沿いの人びとは、箱橇を見るたびに暗然となった。晟雄少年の目にも、箱橇の姿は焼きついていた。提灯のあかりをたよりに、雪の街道を黙々と行く箱橇と男たちの影は不気味だった。夢にまで見た。

小学校三年生のとき、曽祖父仁五郎が死んだ。八十四歳であった。その年の秋遅く、沢内村で旗行列や提灯行列が行なわれた。青島《チンタオ》陥落の戦勝を祝ったものであった。沢内村から出征した兵士が、その作戦に参加していた。第一次世界大戦がはじまっていたのである。晟雄少年は、胸をわくわくさせて旗行列に参加した。後年、その青島から晟雄は命からがら祖国へ引き揚げてくることになるのだが——。


晟雄の成績は優秀であった。作文や歴史などがとくによかった。小学校卒業が近くなるにつれ、中学校への進学の思いを強く宿すようになったのも当然である。山の子は、山の彼方にあこがれた。だが、晟雄の希望は父の反対に出会った。

父の晟訓が無理解だったわけではない。当時、沢内から中学校へ入るとなれば、県庁のある盛岡か県南端の一関へ行かなければならなかった。下宿代を含めた学費は相当なものになる（月十円ほどか）。地主とはいっても自ら鍬を手にしなければならない寒村の小地主に、経済的な余裕はなかった。それに、一人息子を手放したくないという思いも強くあった。晟雄を中学校へやれば、そのまま村へは帰ってこなくなりそうな予感が晟訓にはあったのである。

晟訓は渋った。俊秀に育ったわが子の希望を叶えてやりたい思いは強くあったが、村の外、山々の彼方の世界に目を輝やかせている息子に、不安は濃かった。

「晟雄は高等科へ進め。一村一郷のためにつくすのも、立派な男子の人生なのだから」

晟雄は、仕方なく父の命令に従った。しかし、不本意であった。その気持を深く察したのが母のタミだった。政治などというものに血道をあげた人がいたから家が傾いたのだ。かつての深沢家なら、晟雄の思いを叶えてやれたのに。タミは、スへとそんなふうに語り合ってくやしがった。

晟雄が高等科一年に進んだ大正七年（一九一八年）は、ロシア十月革命の翌年であり、政府は居留民保護を理由に、イギリス軍とともにウラジオストクへ上陸、やがてシベリア出兵へと干渉を拡大する。これと重なるように米価が暴騰し、政府がシベリア出兵を宣言した翌日の八月三日、富山県（中新川郡西水橋町）で、漁師の女房子ども八百余名が「米を安く売れ」と、米屋や金持ちの家に押しかける騒ぎが起きた。これが「越中の女一揆」として報ぜられるや、あっというまに全国へ飛び火する騒動となった。いわゆる米騒動である。

これによって時の寺内内閣は倒れ、平民宰相といわれる原敬《たかし》内閣が生まれる。原敬は岩手の人である。県民は拍手喝采を送った。なにしろ東北の列藩は戊辰《ぼしん》戦争で朝敵賊軍の「汚名」を着せられ、以後、民衆まで含めて薩長閥に根強い反感を抱いてきた。その賊軍とされた南部藩の士が首相の座についたのである。県民が喜んだのも無理はない。

沢内村の古老たちも感無量であった。明治元年（一八六八年）十月九日、南部藩の使者が横手に至って総督府に降伏歎願状《たんがんじょう》を差出し、翌十日、官軍は沢内街道を経て盛岡城へ入城した。この官軍の行進を目撃した村びとが、まだ多数健在だったのである。

平民宰相原敬の出現は、晟雄にも刺激を与えた。十三歳の少年の目に、村の外の世界はより広びろと見えだしていた。第一次世界大戦が終結して翌春、晟雄の進学の念はもだしがたく、県立盛岡中学校への入学を父に懇請した。母タミも、蔭で力を添えた。米価の高騰で、若干ながら農業収入は増えていた。経済的な事情はいくらか好転していたが、晟訓の考えは変わっていたわけではなかった。もし仮りに進学を許すとしても、晟雄を師範学校へ入れ、将来は村の教師として近くに置きたいという思いが晟訓にはあった。

三月もしだいに詰まっていった。晟雄は必死になって父にねがった。晟訓はとうとう折れた。母や妻からも責めたてられたのだ。しかしそのとき、盛岡中学校の願書提出期限の三月二十三日は過ぎていた。晟雄は三十日締切りの一関中学校へ願書を出し、四月一日午前九時からの入学試験を受けに村を発つ。

晟雄はこのとき、生まれてはじめて汽車に乗った。その頃はまだ現在の北上線はなかった。三月末、まだ雪の残る道を秋田県横手の町まで歩き、そこから奥羽本線で山形県の新庄へ行き、陸羽東線に乗りかえて宮城県の小牛田へ出る。そして、東北本線で北上し、岩手県の玄関口一関へと至るのであった。二日を要する行程である。

晟雄は見事合格し、大正八年（一九一九年）四月七日、岩手県立一関中学校へ入学する。隣村湯田の従弟、柏崎満郎《みつお》も一緒だった。二人は、一関町大町の佐藤儀三郎方に下宿する。

偶然ではあれ、晟雄が盛岡中学校ではなく、県下二番目に創立され、絶えず盛中《せいちゅう》に対抗意識を燃やしていた一関中学校に学んだことは、晟雄の反骨の気質を考える上で見逃してはならないことだろう。

盛岡中学校は明治十三年に創立されているが、同じ頃、一関にも中学校をという運動が起きた。天下の名医建部清庵《たけべせいあん》や『蘭学階梯《らんがくかいてい》』を著した大槻玄沢、また後に『言海』を著す大槻文彦などを生みだしている一関にこそ中学校をと盛岡に張り合ったのである。しかし、県庁所在地盛岡には敵わず、その後、一県一校の枠もあって、一関中学校が創立されたのは明治三十一年のことであった。盛中におくれること十八年、待ちに待った県南部の中学校開設であった。こうしたことから、盛中に追いつき追いこせの雰囲気は、学校だけではなく地域にも根強かったのである。

野球、剣道、柔道、庭球などといったスポーツの対校戦で、打倒盛中の気魄《きはく》はとくに盛りあがった。一つの権威に対する抗争心がその底にはあった。なかでも野球の対校試合では、明治三十五年(一九〇二年)の初の盛岡遠征で32対2で大敗して以来、大正五年(一九一六年)六月まで盛中に十九連敗を喫している。口惜しさも手伝って、打倒盛中は悲願とさえなった。そして大正五年の八月三日、仙台の二高グラウンドで行なわれた第二回全国中等野球東北予選の決勝戦で、宿敵盛中と相まみえ、ついに4対1で勝ったのである。このときは町を挙げての祝勝となった。初の全国大会に出場した一関中学校は、第一回戦で、前年度優勝校の京都二中を3対2の接戦の末破った。「いっかん中学」(関西の人はそう呼んだ)の名は全国に轟いた。

この時から一関中学校は、盛岡中学校と一年交代で、大正七年、九年と全国大会に出場している。大正七年は米騒動で大会が中止になり、試合することなく帰ってきたが、晟雄が二年生の大正九年には三度目の全国大会出場をかちとっている。

表面的にはおとなしい晟雄の内に、上役や、県・国などの役人何するものぞといった気骨が秘められていたことは、多くの人の証言するところであるが、彼の青春前期をはぐくんだ一関中学校の環境が、折からの大正デモクラシーの影響とともに深く作用したことはたしかだろう。

大正デモクラシーといえば、一関中学校の名物とさえ言われたストライキも、生徒たちの精神風土に大きな位置を占めていたと思われる。

晟雄が入学する前、少なくとも二度の大きなストライキ騒動があった。最初は明治三十六年（一九〇三年）のこと。その三年前、盛岡中学校では石川啄木《たくぼく》、野村胡堂《こどう》らが中心となったストライキが発生している。その向うを張ったわけでもないだろうが、授業不親切にして早すぎるということで、三年生以上が結束して立ちあがった。真の狙いは、英才第一主義の校長一派の排斥であった。十四名の退学者が出たが、やがて校長は去る。二度目は大正六年（一九一七年）の暮。新校長は、はじめて野球部が全国大会出場の栄をかちとった大正五年に着任したが、野球部廃止を唱え、学業への専念を説き、嫌われたのである。このときも三年生以上が結束している。そして、校長に対し辞職勧告書をつきつけている。これには参加者全員の血判署名があり、しかも首謀者がわからぬように、百姓一揆の訴状の例にならって円形にしたという。このときは生徒側の完勝に終っている。校旗に謝罪をするという形で一名の退学者も出していない。

このほかにもちいさなストライキ事件や排斥運動があったが、晟雄が二年生のときに体験するストライキは、三度目の大きなものであった。

この年大正九年（一九二〇年）の八月、野球部は三度目の全国大会出場をはたしたが、ちょうどこの頃、一関は豪雨に襲われていた。雨は数日つづき、奥羽山脈の栗駒山《くりこま》に発する磐井川《いわい》が氾濫し、晟雄の下宿のある大町を含め、市街地の八割が浸水する。磐井川べりにある学校も床上浸水し、広大なグラウンドも泥砂に痛めつけられた。

晟雄たちは、夏休みが終るとグラウンドの修復に全力をあげ、十月二日の関中大運動会までにすっかり元通りに整備した。運動会は当時、一関地方の名物行事になっており、生徒父兄だけではなく近郷近在から大勢の見物客が押しかけてくるのだった。なかでも、三年四年組が毎年行なう余興の仮装演技は人気の的であった。日露両軍の攻防戦を演じた後、水師営での乃木《のぎ》・ステッセル両将軍の会見となると、観客はやんやの喝采をおくり、しばらくはこの話でもちきりになるというふうであった。

この年の運動会では、こうした余興にそえて、一関輪友会による自転車レースが行なわれた。ところが、ここで事件が起こったのである。自転車レースが終了して選手たちが引きあげてくるとき、そのうちの一人が一塁ベースに放尿したのである。

「おい、晟雄見ろ」

柏崎満郎に言われて晟雄が見ると、今しも放尿の最中であった。

「けしからん、グラウンドをなんだと思ってるんだ」

晟雄だけでなく、気づいた生徒たちは憤激した。立ちあがってばらばらと駆けだす。苦労して整備した神聖なグラウンドである。しかも、東北一の野球部の修練の場に何事か。生徒たちは輪友会に激しく抗議した。ところが学校側は生徒の鎮圧に終始した上、後日、言動粗暴に過ぎたとして二名の生徒を退学処分にしたのである。

これによって大森国吉校長に対する反発はにわかに高まった。大森校長は大正六年のストライキ後に着任した人だが、一関中学校の悪しき伝統を粛正すべく強圧的な方針をとった。生徒の服装検査を厳格に実施したり、定期考査前の準備試験を義務づけるなどの改革に、大正リベラリズムの影響を受けていた生徒たちは反発を強めていった。こうした素地の上に二名の退学処分が出たのである。

十一月二十三日、二学期考査の準備試験のとき、四年生は全員白紙答案を提出した。校長の側近とされる数学教師の科目である。首謀者をつかめぬ校長は、日頃から目立っていた生徒三名に停学を命じ、ひそかに転校をすすめる措置に出た。その三名は全員野球部員で学業成績もよかった。生徒側の反発は極度に強まった。

十一月二十六日、晟雄たちが登校してみると、学校内はがらんとしていた。三年生以上の上級生の姿が見えないのである。晟雄たちはストライキが決行されたことを知る。われわれはどうするか、共に決起すべきではないかと騒然となるが、連絡もつかず、授業は行なわれず、興奮するのみで手も足も出なかった。翌日の岩手日報に「関中生徒二百余名血書して同盟休校」と、ストライキは大きく報道される。ストライキの生徒たちは、校長に辞職勧告書を送付し、それぞれどこに消えたのか、姿を隠してしまっていた。これに対し大森校長は、全員を無期停学処分にすると声明し、強硬な態度をまったく崩さなかった。

結局、このストライキは生徒側の完全敗北によって終った。十二月四日、敗残の生徒らは出校し、年末まで厳しい事情聴取を受け、五年七名、四年三名、三年一名の十一名が退学処分を受けたのであった。

大森校長は翌年秋、九州の長崎中学校長（長崎県）に転出、文部省は六代目校長に東尚胤《あずまひさたね》を発令した。東京帝大卒の直心影流大日本武徳会剣道四段の堂々たる東校長は、以後一関中学校のストライキを許さなかった。

中学生時代の晟雄は、特別に目立つ生徒ではなかった。静かな思索的なタイプであったと級友は言っている。

「お前はどこから来たのや」

入学時にそう訊かれて、晟雄が「沢内村」と答えると、悪童は嗤《わら》った。

「沢内村の猿か」

晟雄は「くそっ」と思った。怒りと劣等感がごっちゃになってあった。劣等感なぞ抱く必要はないと理性的には思っても、しかし消しがたくその感情はわだかまってあった。

だが、晟雄の学業成績はよかった。一、二年とも十四、五番の成績で、町育ちの悪童たちも一目置くようになった。当時の関中は、「関中大学」という異名をとっていた。定期考査の結果は廊下に貼りだされ、誰が何番ということも互いにわかりあっていた。一つでも丁（四十点未満）があれば容赦なく原級留置される。つまり落第である。それも廊下に発表された。中には十年かかって卒業した剛の者もあった。晟雄が入学した年の入学者数は百六名であったが、そのうち五年間で卒業できたのは五十四名である。晟雄は四年生のときは二番、五年生では四番であったというから、ふるいにかけられて残った組で頭角を現わしていったわけである。こうなってくると、もはや「沢内村の猿」と悪口を言う者はいなくなった。入学時「五尺」に欠けていた身長も、卒業時には「五尺三寸」に伸びていた。

晟雄は作文が得意であった。「善美なる校風はいかにしてつくられるか」という作文を、国語教師が朗読してほめたことがあった。彼は弁論部に属し、学校代表として県大会に出場したこともあった。晟雄の苦手は、図画と体操、剣道などであった。他の科目は八十点以上の甲であったが、この三科目だけは六十点台の乙であった。体が頑健でなかったというより、精神的に荒々しいことを嫌悪したふうがある。三年生になって、轟木《とどろき》という体操教師が担任となり、この軍人上りの教師に目をつけられてさんざんしごかれたらしい。晟雄は、自分にできることでも、その教師への反感でわざとやらなかった。そのため、さらにしごかれることになり、この三年生の時期、晟雄の成績は総体的に落ちこんだ。

晟雄はまた、百人一首のカルタ取りが好きであり得意であった。同宿の従弟柏崎満郎も好きで、友人を呼んだりしてたびたび遊び興じたが、晟雄はいつも勝った。

読書好きであったことも、当時の晟雄を知る人の認めるところである。カタログで古本を買い求め、かなり読んでいたらしい。ドストエフスキーの小説や、当時ベストセラーになった賀川豊彦の『死線を越えて』、河上肇《はじめ》の『貧乏物語』などを読んでおり、読書家と目されていたようだ。

第一次世界大戦後、世界は激動の一途をたどる。国内の社会矛盾も激化する。無産大衆の覚醒と擡頭《たいとう》は誰の目にも明らかだった。戦争成金や、政財界の腐敗への批判は強まり、普通選挙法の実現を求める声も高まる。世界に目をひらけばひらくほど、晟雄は矛盾を感じ、人間の醜さ愚かさに沈思せざるをえなかった。

晟雄は五年生になると、さらに上の学府へ進んで勉強をしたいと思うようになった。従弟の柏崎も同様だった。当時、一関中学校の秀才の一般的な進学コースは、仙台の二高であった。晟雄は、父への説得を思いめぐらすようになっていた。どうしても進学したかった。このまま沢内村へ帰ることは、すべてを中途半端で放りだしてしまうことに思えた。正直言って百姓をする気はなかったし、地主の旦那におさまることもいやだった。自分というものをもっともっと生かしめたい。父親の危惧する方向へ、晟雄は踏みだしつつあった。

五年生の九月、関東大震災が起きた。東京は潰滅《かいめつ》の被害を受けた。それは、時代の激震そのもののように思われた。

父は、晟雄の進学志向を認めなかった。いささか哲学的で、理想主義的で、固い自我を宿した十八歳の晟雄は、大正十三年（一九二四年）三月九日の卒業式が済むと、五年前と同じコースを逆に通って、まだ雪深い沢内村へ帰った。

一年の後、晟雄は二高に入学する。この一年間は、進路をめぐって父との間に衝突がくりかえされた。父晟訓は、晟雄を教師か医師にしたかった。教師になって村にいてもらいたいという願いは前からあった。そうでなければ医師に、という考えを晟訓が持つようになったのには事情があった。

村内に松川鉱山という金鉱があり、のち銅も産出したが、この松川鉱山が最も盛んになりはじめた大正七年から数年の間、そこに鉱山診療所が開かれた。これが沢内村における最初の医療機関となった。この頃、深沢宅に松本という医師が一年ほど寄宿したことがある。晟雄が一関に下宿している頃である。晟訓はそのとき、沢内村に沢内人の医師がおったならとつくづく思った。鉱山診療所は、鉱山の景気が悪くなると簡単に廃止されてしまった。松本医師が去ると、沢内村はまた無医村に戻ってしまったのである。晟訓が、一人息子に医師になるならばと洩らしたのにはこういう経過があったのである。

晟雄は医師になどなりたくなかった。無医村の沢内に、医師は必要だと思ったが、それを自分の任とする考えはまったく起きなかった。さればといって、何になるという明確な目標もなかった。とにかくもっと学問をしたい。学ぶことを通して、自分の可能性を追求していきたいと思うばかりであった。一人息子のわがままともとれるし、己れに頑固な一徹さのあらわれとも見える。母のタミは、夫と息子の間にはさまれて苦労した。

結局、タミが双方を説得するかたちとなり、折合った。二高の理科へ進む、ということにしたのである。こうして晟雄は二高入試にパスし、仙台へ出たのであった。母タミは、自分の実家からも援助を得て、息子のための学資を捻出した。仙台時代の晟雄は、少い仕送りに不自由したようである。従弟の柏崎は、この年松江高校に入学した。「東北帝大でまた一緒になるべ」と言いのこして。

晟雄が二高に入学した大正十四年（一九二五年）には、横手と黒沢尻（現在の北上市）を結ぶ横黒《おうこく》線が開通していた。現在の北上線である。電気はそれより四年前の大正十年に沢内へ通じていた。一関より遠い仙台への交通が、かえって便利になっていたのである。

杜の都、仙台。一関や盛岡とは較べものにならない大都会である。念願の二高に入学はしたものの、意にそわない理科。虫を殺すのもいやな晟雄は、解剖などの授業に辟易《へきえき》する。読書傾向は依然として文科系であった。当時刊行中だった生田長江訳の『ニーチェ全集』などを読みだしていた。だが、特別にニーチェに傾倒したわけではないようだ。これも哲学者以上に哲学的だといわれた旧制高校生の、ひとつの姿といえようか。

晟雄が仙台の時代に一番影響を受けたのは、阿部次郎の人格主義だったように思われる。中学生時代に『三太郎の日記』を読んだ晟雄は、当時の青年たちの畏敬《いけい》の的であった阿部次郎に近く接する。阿部次郎は、関東大震災の直後パリから帰国し、東北帝大法文学部の教授として美学講座を担任していた。後に晟雄が法文学部に進んだ頃は、倫理学講座も分担していた。おそらく『人格主義の思潮』なども愛読したにちがいない。晟雄は阿部次郎の講義を受けているのである。

『人格主義の思潮』にある「価値の根本になるものが人間の価値である」「根本の価値は人の価値であつて物の価値ではない」といった教えや、「国家の強制力といふものは少なくともそれが正しくあるためには、ある一つの道徳的目的を持つてゐなければならない」「国家が有つてゐる強制の権利は、道徳的使命を無視して絶対化する事ができるはずのものでない」という考えは、村長になってからの晟雄の言動の根底にはっきりと見てとることができる。戦後、社会主義思想の影響を受けながらも、「倫理デモクラシー」という独自の主義を貫いたのも、この青春時代における思想的刻印と無縁ではないだろう。

晟雄が二高二年の年の暮、大正は終り昭和となる。あけて昭和二年（一九二七年）七月、芥川龍之介が自殺する。大正文学の代表的作家であった芥川の自殺は、時代の先にぼんやりとした不安を鋭く予感した知性の死であり、当時の知識人や青年たちに底深い衝撃を与えた。晟雄にもおそらくこの衝撃波は伝わったであろうが、そのことを知る手がかりは何もない。ただ、その当時に撮《ひい》した一葉の写真がある。髪を伸ばした無帽の学生服姿で、実に好男子である。やや面長で眉が秀で、鋭い眼光でありながら憂愁のにじんでいる目が印象的である。知的な風貌のなかにやさしい甘さが漂い、総体として青年のもつ美しさが写っているのだが、どこかにニヒルな翳《かげ》のようなものが感じられてならない。そう思って見るせいなのかもしれぬが、時代は暗い方向へ動きつつあり、その翳がしのびこんでいるように感覚されるのである。

この年の九月、夏休みを終えて仙台へ戻ったばかりの晟雄に、祖母スヘの危篤を知らせる電報が届いた。急いで沢内へ帰った晟雄は、自分をいつくしんだ祖母の突然の死に遭遇する。スヘは、孫の到着を待っていたかのように息を引きとったのであった。スヘは文久二年（一八六二年）生れ、六十五歳であった。晟雄が一関中学校へ入るときも、そして二高へ進むときも、「良《い》がったな、良がったな」と喜んでくれた祖母であった。

「ばあちゃんさ何もしてやれなかったな……」

晟雄は大声で泣いた。善意だけで生きてきたような祖母の幸いの薄さがやりきれなかった。

翌昭和三年（一九二八年）、晟雄は東北帝大法文学部に進んだ。父に相談せず、自分の意志で行なったのである。息子を医師にという晟訓のねがいは絶ち切られた。

「勝手にしろ」

晟訓は怒った。父には悪いと晟雄は思ったが、どうしても医者になる気はしなかった。家からの仕送りを十分に期待できなくなることを、晟雄は覚悟していた。だが、親としてみれば、勝手にしろと怒ってはみたものの放りだすわけにもいかない。「与左エ門（深沢の屋号）の一人息子が東北帝大さ入った」という村の評判に心悪かろうはずもない。不如意《ふにょい》な中からの仕送りに、母のタミは苦労するが、晟雄の生活も苦しかった。松江高校へ進んだ柏崎が、約束通り東北帝大に入った。彼の家は裕福であり、晟雄は何かと柏崎の友情に助けられた。

大学時代、晟雄は東京から来ていた菊地という青年と知りあった。菊地の父親は盛岡の出身であった。二人はウマが合った。夏休みに、東京の菊地家へ泊りに行ったり、菊地を沢内へつれてきたりするほどになった。

晟雄は、生まれてはじめて東京へ出、震災後の様変わりしつつある大都会の姿に驚いた。晟雄が二度目に菊地家へ泊ったとき、たまたま遊びに来ていた一人の女子大生を紹介された。

「この人はね、日本女子大の菊池ミキさん。うちの父の友人のお嬢さんでね、岩手の人なんだ」

菊地にそう紹介されて話をかわすうちに、彼女が同じ和賀郡内の十二鏑《じゅうにかぶら》村の出身だとわかった。その村は、花巻から遠野へ向かった所にある。その日菊池ミキは、東京での保証人である菊地家へ遊びに来ていたのだ。友人菊地には、ミキより一つ下の妹があって、寮生活をしていたミキは、時折招かれては彼の妹の遊び相手になっていた。この出会いはまったくの偶然であったが、やがて晟雄とミキには二度目の偶然が訪れることになる。しかしこのときの二人は、わずかな会話をかわしただけであった。もの静かな可愛らしい女子大生といった印象しか晟雄には残らなかった。ミキもその後、晟雄のことは忘れてしまっている。

晟雄の大学時代は、足早に過ぎていった。それは、激変する時代のせいかもしれなかった。現実は目まぐるしく動いた。

晟雄が入学した昭和三年（一九二八年）には、ようやくにして普通選挙法による総選挙が行なわれた。二十五歳以上の男子に選挙権が保障されたことによって、三百万人の有権者が一挙に千二百万人に増大した。貧しい労働者や農民の意志が、無産政党をどれだけ押し上げるか注目された。時の権力は激しい選挙干渉を行なったが、労農党をはじめとする無産政党は、約五パーセントの得票で山本宣治など八人の当選を果たした。労働争議や小作争議が増大の一途を辿っている情勢もあって、田中義一内閣はこの結果に深い危機感を持った。三月十五日の早暁《そうぎょう》、全国一斉に大弾圧が行なわれた。そして治安維持法が改悪される。

翌四年には、アメリカに端を発した大恐慌が世界を覆い、金本位制は崩壊する。未曽有の大不況で倒産や操業短縮が続出し、二百万人とも三百万人ともいわれる失業者が全国にあふれた。生糸輸出の激減と価格の暴落、米価もまた下落し、深刻な農業恐慌が農民を飢餓地獄に追いやった。

当局の思想弾圧もきびしくなり、左翼関係の出版物の発禁や、大学の社研の解散などが相次いで起きた。昭和五年の五月には、東京帝大の山田盛太郎、平野義太郎両助教授、法政大学の三木清教授が共産党シンパ事件で検挙され、どこの大学も暗い空気に閉ざされていった。

晟雄は、精神的にも経済的にも苦しかった。農業恐慌は、家の経済を圧迫していた。晟雄はこの頃、従弟の柏崎満郎から借金をしている。これは、柏崎から直接に借りたものではなかった。彼が知りあっていた沢内村出身の女医、田中キエから用立ててもらったのである。田中キエは晟雄と同年で、盛岡の私立女学校から女子医専に進み、医師となった。晟雄は、卒業までに返済する約束をした。その額、六十円である。

「大学は出たけれど」といわれる極度に就職難の時代に、晟雄の卒業はぶつかった。昭和六年春、東北帝大法文学部を卒業した晟雄は、友人の紹介で、某実業家の世話により上海銀行に就職することになった。当時、大叔父の晟千代が台湾総督府に勤めており、その手づるを頼ることも考えたが、折角の奨めを受けて上海銀行を選んだのであった。暗い時代の閉塞状況のなかにあって、そこを突き抜けていきたいという思いが胸の底にあった。上海は当時、世界第六位の大都会であり、東洋一の貿易港であった。阿片戦争以来、列強帝国主義の植民地支配に苦悩していた中国民衆にとっては、民族的屈辱のシンボルのような上海であったが、外から見るとき、国際色豊かな東洋一の大都会と映っていた。狭い日本にいるよりも、東洋の混沌の中に身を置いてみたいという思いも二十五歳の晟雄にはあった。

山奥の僻村から町へ、町から都会へ、さらに国際大都市へと、村を捨てさせ、広大な世界へ晟雄をひきつけていく何かが、山育ちの彼の内部にうごめいていた。沢内村の両親にとって、一人息子晟雄は遠のいていくばかりであった。間もなく、十五年にわたる戦争の時代が押しよせてくることなど、晟雄にしても両親にしても知りえようはずはなかった。

春の遅い東北に桜が開きはじめる頃、晟雄は沢内を発った。和賀川の流れに沿って村を出ていく。いくたびも往復を重ねたこの道とも、しばらくはお別れであった。晟雄は、いささか感傷的な気分になっていた。しかし、五年間をすごした一関、六年間の青春の思い出がまだ色濃い仙台を過ぎていくにつれ、新天地へ向かう心の漲《みなぎ》りのほうが強くなっていった。

東京で友人菊地と別れの一夕を持ち、晟雄は大阪へ向かった。その途中、晟雄は浜松に下車した。晟雄が途中下車をしたのは、田中キエからの借金を返済するためであった。彼女はこのとき、浜松市内の病院に勤めていた。はじめ晟雄は、柏崎を通じての借金であったから、彼を通して返そうとした。もう一年大学にとどまることになった柏崎は、「きみが上海へ行く途中で返したらいいじゃないか」と言った。「なるほど」と晟雄も思った。神戸から船に乗るのだから、途中で会って直接礼も言える。晟雄はそうすることにしたのだった。運命の最初の糸は、ここで引かれたのかもしれなかった。

病院を訪ねた晟雄は、色白で美しいキエに会って強くひきつけられた。同じ村に育ったとはいえ、二人は初対面であった。その日キエは多忙をきわめていた。

「ねえ、せっかく来たのだから、夕方まで待って下さらない。ごちそうするわ」

キエはそう言った。晟雄は承知した。出航の日まで少し余裕を持ってきたから、夜行に乗ってもかまわなかった。晟雄は待つことにした。

この夜、二人は食事を共にし、酒をくみかわしながら、ふるさとのこと、互いの生活のことについて語りあった。異郷の地での同郷者同士である。キエはなつかしさに興奮していた。晟雄も、日本を去るにあたっての感傷がよみがえっていた。二人は初対面ながら好感を抱きあい、互いの間に生じた感情を急速に濃くしていった。

晟雄はその夜、浜松に泊った。二人は、深く結ばれた。

上海への船の旅の間、晟雄は思わぬ人生の変転について考えつづけた。自分の二十五年の人生の、今という切り口に目を凝らした。そこに、田中キエという女性の姿がはっきりとあった。ふすぼる情熱にぴったりとくっついて、キエへの愛が息づいていることを感得した。晟雄は、キエとの結婚を考えた。人生の一大事がわが身につきつけられている。晟雄は、これから新しくはじまる上海での生活の上に、もう一つ、重大な新しさが加えられるであろうことをはっきりと意識していた。

上海での生活がはじまった。上海は、揚子江の河口近く、支流の黄浦江《こうほこう》の西側に大きくひらけていた。阿片戦争後、南京条約によって開港されてから急速な発展をとげた。市街は、蘇州河《そしゅう》が黄浦江に合流するあたりを中心にして西にひろがっている。そこには、英・米・日の共同租界があり、フランス租界があった。城内のごみごみとして不潔な市街にくらべ、租界は整然としていてヨーロッパ的な雰囲気があった。その対比が、はっきりと中国の現状を示しているのだった。

東洋一の貿易港といわれるだけあって、巨大な黄浦江の沿岸に、港湾設備は完備していた。市況は活発だった。輸入、輸出、外資による工業生産、そして大都会としての消費活動、これらに密着して銀行の業務はあった。

晟雄は上海に来て、植民地的支配の根深さを思い知った。中国民衆のなかの排日感情の強さも、予想をはるかにこえていた。現地での見聞は、日本での認識の大幅な修正を迫るものであった。

一日も早く銀行の仕事に馴れようとする日々、田中キエとの密な文通もはじまっていた。そしてある日、キエが妊娠したことを知らせる手紙が届く。晟雄は、彼女との結婚を即座に決断した。自分が人の子の親になることの、強烈な感動と責任感に身を貫かれながら。

だが、生まれてくる子を含めての新しい生活を、どのようにはじめたらいいのか。キエとは一日も早く一緒になりたかった。キエからも同じように言ってきた。しかし晟雄は、上海での新しい生活には強いためらいを持った。赤子をかかえての生活の場ではないと思った。それに、就職したばかりの収入では無理もあった。

晟雄が新生活への手がかりを求めて思い悩んでいるうち、突如として中国大陸に戦火が生じた。十五年戦争の口火となった「満州事変」である。

九月十八日の深夜、満州（中国東北部）南部の中心都市奉天（瀋陽《しんよう》）の近く柳条溝《りゅうじょうこう》で、満鉄（南満州鉄道）の線路が爆破された。これに対し関東軍は、張学良の率いる中国軍の根拠地北大営を攻撃し、占領した。そして、あっという間に奉天をも占領してしまった。こうして三日後の二十一日には、南満州の主要都市、鉄道のすべてが関東軍の支配下に入ってしまった。後に、このときの鉄道爆破は関東軍自らの計画犯行であることがわかったが、日本帝国主義の十五年にわたる侵略戦争は、これを口火に拡大の一途をたどっていくのである。

満州事変がはじまるや、中国の抗日運動は急激に盛りあがった。事変がはじまって八日後の九月二十六日、上海で抗日大集会が開かれ、十万人以上の中国民衆が集まり、抗日救国の決意を固めあった。南京の国民政府は、「一面抵抗、一面交渉」という態度をとり、抗日運動禁止令を公布したが、その翌日、お膝元の南京金陵大学で、全国学生抗日救国会の結成大会が開かれるなど、抗日のたたかいは全土にひろがっていった。

上海の空気は険悪であった。キエを上海に呼びよせることはまったく不可能になった。晟雄は、台湾にいる大叔父晟千代に相談をもちかけた。台湾総督府への就職あっせんを願ったのである。

翌昭和七年（一九三二年）一月二十八日、上海で日本海軍陸戦隊が中国第一九路軍と交戦をはじめた。上海事変である。その少し前、キエは東京で女児を出産した。晟雄は父親になった。晟雄は娘に、万感の思いをこめて杜史子という名をおくった。

昭和七年春、晟雄とキエ、杜史子《としこ》三人の生活が台北市ではじまった。晟雄は台湾総督府に勤めることになったのであった。

三月一日には、満州国の建国が宣言されていた。中国での戦火は絶えず、日本は国際的にも孤絶していく。五月、陸海軍青年将校らが首相官邸などを襲撃、犬養《いぬかい》首相が射殺されるという五・一五事件が起きる。翌八年一月には、ヒトラーの率いるナチス政権がドイツに誕生した。そして三月、日本はついに国際連盟を脱退した。戦雲は世界を不気味に覆いはじめていた。

暗雲たれこめるこの時期、晟雄は新婚の生活に束の間ひたっていた。郷里の両親は、晟雄の結婚に驚き、一人息子が手の届かぬところへいってしまったことを嘆いた。だが、孫娘の誕生と、上海より安全な台湾への転居には、ほっと安堵したり、複雑な喜びに胸を充たされたりした。晟訓も夕ミも、写真ではなく孫娘を見たかったし、抱きたかった。

この時期、従弟の柏崎満郎も台湾へ来ていた。一関での五年、仙台での三年を親しく共に暮らした仲であり、晟雄とキエの結びつきのきっかけをつくったわけでもあり、台北での再会によって親交は深まった。

キエはやがて、医師として働きはじめる。台北と台南とに別れて暮らすこともあったが、新しい生活は順調に築かれようとしていた。晟雄は、自分の第二の人生が確かにはじまりつつあると感じていた。

昭和八年、父晟訓が台湾へやってきた。孫の杜史子を抱いて目を細めている晟訓を見て、晟雄もキエもほっとした。

「ほら、おじいちゃんだぞ、おじいちゃんだぞ」

晟訓は、杜史子をあやしながら、一人息子の血を受けた次の跡継ぎの重みを掌に感じていた。これで晟雄が順調に出世してくれれば、深沢家にも春が来る、と思った。

「キエさんや、次は男の子がよがすな」

晟訓はそう言い残して帰っていった。

だが、思いがけぬ不幸が晟雄を襲った。

翌昭和九年の夏、二人目の子を妊娠中のキエが、妊娠中毒症の急激な悪化で、あっという間に命絶えたのであった。八月十日午後零時五分のことであった。二歳半の杜史子は、母の死も知らずに、無心に遊んでいた。猛暑のなかで、晟雄は放心していた。

八月末、晟雄は帰国した。キエの遺骨を抱き、娘をつれて船に乗った。自分の人生も、それをとり囲む現実も、絶望的に思われた。晟雄は、果てしない海原を眺めながら、このまま飛びこんでしまいたいとさえ思った。

傷心の晟雄を、沢内村は静かに迎えた。山も川も変わるところがなかった。人びとの貧しさも同じだった。いや、うちつづく不況と冷害で、貧しさはいっそうつのっていた。天候不順で、稲は青く立ったままであった。この年、岩手は大凶作となり、沢内村の米は僅か千二百四十六石しか収穫がなかった。仙台の遊郭に娘を売る者も出たほどだった。

ひややかな山からの風を頬に受けながら、晟雄は杜史子に言った。

「杜史子、ここがお父さんとお母さんの生まれた沢内だよ」

杜史子は黙って、こくりとうなずいた。

第二章　戦　争

晟雄は、ふと目覚めた。車窓からの新緑の流れが、その目をさわやかに洗ってくる。緑は遠のくにつれて丘陵の形となり、その後景に高くせりあがる山があった。

丘陵のきわから鉄道線路へのゆるやかな傾斜地に、整然と低い梨畑がひろがっている。白い花が見える。

祖国の新緑は、目だけでなく心にもしみた。晟雄は、胸底に悲しみに近い感情がうごめくのを感じていた。妻が死んで二年になろうとしていた。沢内の両親に託した杜史子は元気に育っていた。あどけない杜史子の、ちいさく柔らかな肢体が痛切に思われた。すでに四歳になった杜史子は、夕ミによくなついていた。それは当然のことかもしれなかったが、別れてきたばかりの晟雄には淋しい思いのみが残った。父も母も、遠く村を離れた息子にかわって、杜史子という初孫を心のよりどころにしているようであった。

――こんどはいつ帰省できるか。

胸につぶやいて晟雄は、沢内村と台湾との懸隔を思った。汽車は東京へ向かってひた走っている。福島近郊の風景がひらけ、満開の梨の花が目前を過ぎた。

車内はかなり空いていた。車窓から目をはなした晟雄が、通路の先へ視線を転じたとき、若い女が立って、網棚から小型のトランクをおろしている姿が目に入った。その瞬間、彼女はすぐ後姿になってしまった。トランクから何か取りだしているらしい。間もなく、彼女はまたトランクを網棚に戻した。そして、偶然に目が合った。

会ったことのある女性だと晟雄は思った。彼女は進行方向に坐《すわ》っている。見えている頭の形では、誰であったか思い出せない。晟雄は記憶をたぐりよせながら、その女性の髪の形に目をとめていた。誰であったろうか。

そのとき、女が腰を浮かすようにしてこちらを見た。晟雄はその瞬間に思い出した。菊池ミキではないか。友人の菊地の家で出会った、同じ和賀郡の十二鏑《じゅうにかぶら》村から日本女子大に来ていた女性だ。二人の目がほとんど同時に輝き、それは微笑に変わっていった。

まったくの偶然であった。二人は、上野までの車中を共にすることになる。二人の語らいは、互いの境遇の変化を知りあうことでもあった。

菊池ミキは、沢内村と同じ和賀郡内の十二鏑村の商家の娘であった。明治四十五年六月の生まれで、翌月にはすぐ大正となった。父は倉五郎、母は美や、家は酒や海産物を扱う商家であったが、ミキは実は、倉五郎の兄の双子姉妹の一人として生まれた。戸籍では倉五郎の長女となっているが、養女なのである。かなり年上の兄があって、北海道帝大を出て大阪にいたその兄の所へ、小学校五年のとき移り、やがて大阪府立茨木高等女学校へ進んだ。この経緯は、倉五郎の新しい教育観によるものであった。

女子といえども勉強をせよ、ひとり立ちできる女になれ、夫にすがるような女ではこれからはだめだ、大阪にいる兄の所へ行って勉強してもいいぞ、倉五郎はそのようにミキをいつくしみ、導いた。当時の片田舎の商家の主人としては、型破りの新しさを持った人であったといえよう。息子を北海道帝大に学ばせたことからも、そのことは明らかである。

ミキは高等女学校二年生の時、大阪から岩手へ戻り、花巻高等女学校に移る。彼女は教師になろうと、東京女子高等師範を受験するが失敗し、「もう一度やってみろ」という父のすすめもあったが日本女子大に入学した。晟雄と出会ったのは、その二年生の時であった。

その後ミキは、父の死去によって日本女子大を退学し、家に帰っていた。久しぶりに上京する車中で、偶然にも晟雄と再会したのであった。晟雄三十歳、ミキは二十三歳。ミキはもちろん、晟雄の人生の転変を知った。

この偶然の出会いは、二人の結びつきのきっかけとなった。晟雄が台北から手紙を送り、二人は文通をかわすようになる。

その年、昭和十一年（一九三六年）の秋、晟雄は再び帰省した。ミキはそのことを晟雄からの電話で知った。

「いま、沢内へ帰ってきているんです。ミキさんとも会いたいと思って……」

ミキはなんと答えたらよいかわからなかった。晟雄はかなり強引に会うことを求め、ミキは承諾した。電話を切ったあと、ミキの胸はなぜか鳴っていた。

次の日、ミキは花巻の駅に晟雄をむかえ、紅葉に染まる郊外へも足を延ばしながら語らいの時を過ごした。上京の車中で互いの近況を語りあったときとはちがって、その後の文通でわかりあったことも多く、二人はかなり率直に話しあえた。しかしミキにとって、男性と二人きりの時間を持つことは、殆どはじめての経験であり、「ミキさんとも会いたいと思って」という晟雄の言葉がちらちらと頭をかすめてならなかった。

晟雄は、台湾での生活や仕事のこと、最近の世相のことなども語ったが、沢内に置いてある娘のことがいちばん気になるらしく、祖国のなつかしさに重ねてくりかえし言うのだった。

二人は、いつしか北上川の河畔に出ていた。稲刈りはとうに済んでおり、稲架《はさ》の点々とした黄の遠くに燃えたつ北上山系がつらなっていた。

「ぼくと結婚してくれませんか」

遠くを見つめながら突然に、晟雄は言った。ミキの胸ははげしく音をたてた。声が出てこなかった。静かな川風が熱い頬を吹きすぎていくばかりであった。

「お母さんにお会いして、お願いしようと思っているんです。その前に、ミキさんの気持をたしかめたい。五月以来ずっと考えてきたことなんです」

「——わたしなどより、もっとふさわしい方が……」

ミキはやっとそれだけ言えた。

「いや、いません」

晟雄は即座に、きっぱりと言った。そして、なぜそう思うかを熱っぽく語るのだった。ミキの父の考え方、夫に従属する女ではいけない、自立できる女になれ、というその考え方に自分は深く共鳴するし、あなたの人格のなかにはそのようにして育った強さや確かさがある。自分はそういうひとと夫婦になって新しい人生を切りひらいていきたい。そして何よりもあなたが好きになった。こんどの帰省は、あなたに会うことが大きな目的だった。いまからでも十二鏑村へ行ってお母さんにお願いをしたい。

ミキははじめて知る嬉しさと不安に動揺しながら、考えさせてほしい、と言った。自分に向かって押しよせてくる男の大きさや迫力に対し、辛うじて自分を支えてそう言ったのだった。

黙っていればミキの家に乗りこみかねない勢いの晟雄をなだめて、その日は別れた。帰宅したミキは、その夜、母の美やにプロポーズされたことを語った。

「嫁さやるように育てたお前《め》さんではながす。前の方のお子さんがあればなおさら、お前さんではつとまらね」

美やは首を振った。美やは、ミキには婿をむかえるつもりでいたのであった。

「お前さんに子ができれば、生《な》さぬ仲だけでは済まながす。何も選んで苦労することはながんすえ」

美やに言われるまでもなく、そのことの苦労は十分にわかるミキだった。ミキは幼いとき、添寝する母から雑誌の読みものを毎夜のように語り聞かせられた。たまに芝居小屋にかかる映画にもつれていってもらった。どういうわけか、それらの読みものや映画には、継子《まこ》いじめが多かった。継子への同情の一方に、母性に宿る非情をおぞましく思う心が、ちいさな胸にこびりついた。やがて自分の出自を知るに及んで、美やの母親としての愛にはいささかの疑念も生じなかったが、自分が例外の存在に思え、かえって鬼にもなる母性のおそろしさに考え沈んだのであった。

ミキは自信を持てなかった。晟雄に好感は抱いている。この世界に、自分を明確に求めている男性がいると意識するとき、胸が騒がないはずはない。また、晟雄が子連れであることを卑下しないばかりか、娘へのこまやかな愛情をさまざまにあらわしたことへも好感を持った。晟雄の人間性にひかれるものがあった。しかし、先妻の子をかかえての異郷の生活を思うと、やはり自信が持てなかった。

ミキは翌日、晟雄に断りの手紙を送った。ところが晟雄から再び電話がきた。「直接伺ってお願いする」と言ってきかなかった。翌日、晟雄は十二鏑村の菊池家へやってきた。

「とてもとても、つとまるような娘ではなございんす」

と美やは言い張った。しかし、晟雄の頼みにはふしぎな説得力があった。かげで聞いていたミキは、大きく心を動かされた。美やは、辛うじて防ぎとめ、晟雄はまたお願いにくると言い残して帰っていった。

「人柄だけではきめられないのが結婚。あの人の腕首は細い。胸でも患ったのではながえか」

美やは妙な口実を持ちだす始末だった。兄も美やと一緒になって反対した。

「もうじき台湾さ戻らねばなんねべ。むこうさ行けば気も変わるべ」

兄はそう言った。ところが、晟雄は帰台できぬ事情になってしまったのである。

沢内村の深沢家が、落雷によって全焼してしまうという異変が起きたのだ。山の村は天候が激変しやすい。晟雄はそのとき、ミキへの手紙を書いていた。そのうちに、にわかにあたりが暗くなり大粒の雨が降りだした。両親は杜史子をつれて近くの家へ出かけていた。すぐやむだろうと思っているうちに、篠突《しのつ》く雨となり夕闇かとまがうほどの暗さになった。晟雄は机から離れて立ちあがった。その瞬間、稲妻と轟音どちらともわからぬ衝撃に吹き飛ばされた。何が起きたのかわからなかった。闇のなかで目覚めたような感覚であたりを眺めわたしたとき、激しい風と炎と黒煙のなかにいた。晟雄は裸足で大雨の外へ飛びだした。街道を村びとたちがわらわらと走ってきたが、もはや手のほどこしようがなかった。西和賀地方屈指の大きな家は、それに見合った火炎を轟々と突き立てて燃えていく。

「焼けてしまえ、何もかも。すべて新しくなれ」

晟雄は、燃え崩れていく生家を見つめながら心に叫んでいた。失うことへの恐れはなかった。新生への思いのみが強く胸をついてくるのだった。

晟雄は、後始末と家の新築のため台湾へ帰ることができなくなってしまった。ミキは、その後晟雄がやってこないのであきらめたのかと思っていたが、しばらくして便りを貰ってそのことを知った。

火災ですべてを失って、かえって心が一新した。いま大学を卒業したようなつもりで新しい生活へ出発したい。台湾総督府は退職する。どうかわたしと結婚してほしい。

晟雄からの手紙にはそう書いてあった。母も兄も、前にも増して反対を唱えたが、ふしぎなことにミキの心は晟雄へ強く傾いていった。

こうして翌昭和十二年（一九三七年）五月、晟雄とミキは結婚したのであった。母や兄は最後まで反対だった。ミキはそれを押し切ったのである。強情な娘よ、と美やは嘆いた。兄は、結婚するのなら早く子を産め、産んでみなければ親の心はわからないぞ、と言った。

ミキが深沢の家に着いたとき、玄関の式台に晟訓《まさくに》とタミが並んで出迎えた。そのわきに杜史子もちょこんと座っていた。

「お母さんだ」

杜史子があどけない表情で言った。ミキは胸をつかれた。満五歳の幼女のその態度に、ミキは涙ぐんでしまった。杜史子のお河童をなでてやりながら、必ずこの子のよい母親になってみせる、とミキは心の深くに決意していた。

晟雄とミキの結婚式は、木の香の新しい家で行なわれた。沢内村の五月の空と緑はあざやかに光っていた。冬の厳しさなどとても想像することができない美しい風景だった。緑に包まれて新しい生活がはじまった。

新しい生活、それは晟雄の新しい仕事を見出すことからはじめなければならなかった。地主とはいえ寒村の小地主である深沢家は、家屋新築にあたって山林を抵当にして借金をする始末であったから、晟雄は再び村の外へ出て働かなければならなかった。晟雄にも、農業を営むつもりはなかった。借金の返済に迫られるという事情もあって、村の外へ出るということについては、父晟訓との間にも意見の対立はなかった。

新しい仕事、しかも新しい生活にふさわしい、なんらかのよき仕事。晟雄はミキとも語らいながら就職運動をはじめていった。その矢先、戦争は突如として拡大された。七夕の夜、北京郊外の盧《ろ》溝橋《こうきょう》で日中両軍の衝突があり、それは全面的な戦闘となって火を噴いた。はじめは北支事変と呼ばれたが、やがて「支那事変」といわれるようになり、事件不拡大、現地解決の方針はどこへやら、日中両国の戦争は拡大の一途をたどることになる。

夏が過ぎ、沢内村に早い秋が訪れる頃、やっと就職口が見つかった。八月三十一日に設立されたばかりの満州拓殖公社に入らないか、という話がもちかけられたのである。

満州拓殖公社。それは資本金五千万円の株式会社であったが、日満両国による特殊法人であり、満州移民の現地機関ともいうべき国策会社であった。当時、関東軍は、「満州国」支配強化のため、「満州農業移民百万戸移住計画」なるものを策定していた。これはやがて、満蒙《まんもう》開拓青少年義勇軍という形をとるのであるが、この悪名高き植民政策の実行機関として、内地には財団法人満州移住協会が、現地には満州拓殖公社が設立されたのであった。

「満州国」は昭和七年(一九三二年)三月一日に「建国」され、長春を新京と改めて首都に定め、辛《しん》亥《がい》革命で退位した清朝最後の皇帝溥儀《ふぎ》が皇帝に即位した。国際世論は、これを日本の傀儡《かいらい》国家と批難したが、日本は、満州は日本の生命線であるとして、国際連盟を脱退してまでその権益を死守しようとしていた。百万戸移住計画もそのために策定されたものであった。

当時の晟雄にとって、満州拓殖公社がやがてどのような役割を果たすようになるかを見抜くことはできなかった。かえって、「五族協和」とか「王道楽土建設」といったスローガンに理想を抱いていた。自己の新生と雄飛をかけて「新天地」への出発に心をはやらせるばかりであった。待遇も、内地とはくらべものにならぬほどよかった。借金の返済にも十分貢献できる。晟雄はさっそくにも渡満を決意した。その熱気に、ミキも染まって同調した。

ここで大きな問題が起きた。杜史子を同道することへの両親の強い抵抗にぶつかったのである。

「杜史子はここへ置いていけ。満州になどやれぬ」

晟訓は頑としてゆずらなかった。満州は酷寒の地であり、水も悪い。第一、大陸では戦争が拡大している。そんな所へ孫をやれるか。

渡満の準備がすすむなかで、晟雄とミキはどうしたものかと話しあった。二人とも連れていきたいのだから溜息ばかり出る。そんなある日、実家に戻って渡満の話をすると、兄は言った。

「その子をつれていけ。ミキの手で育てろ」

母は、はっきりとしたことは口にしなかった。結婚に反対だった美やは、娘が遠い満州に行ってしまうことのほうを嘆いた。ミキは、父の墓参りを済ませて沢内へ帰った。ここが自分の家なのだ、という実感がふしぎに濃くあった。親に従って杜史子を置いていくか、それとも母としての苦労も含めて新しい生活に入りこむか。

渡満の日は迫りつつあった。晟訓もタミも、日を経るにつれ涙まじりに孫娘は手放せないと言いつのるようになった。

「おやじもおふくろも、あんなに杜史子のことを可愛がっている。たんに跡つぎだけのことではない。もう俺は、なにがなんでも連れていくとは言えなくなったよ」

ある夜、晟雄はすっかりしおれて溜息をくりかえした。

「あなたは、親に背いてばかりきたのですものねえ。このあいだお母さんが、一つぐらい言うことをきいてくれてもいいべって言われたときには、なんだか胸がどきんとしました」

「たしかに、医者にもならず、教師にもならず、結婚も勝手にして、そのあげく子どもを預けて、こんどは連れていくだからねえ」

ミキは、自分が杜史子の真の母親になるためには、なによりも一緒に暮らすことだと考えていた。もしそれがかなわぬとなれば、自分はどうやってあの子の母親になれるだろうか。その道はわからなかったし、自信もなかった。とりあえず今は、夫との間に子をつくらないように心掛けているのだった。

「杜史子までとりあげることは、もう、俺には……」

晟雄は、堂々めぐりの話しあいの末に、そう言って黙りこんでしまった。ミキは、夫の心も深く察することができた。車中で偶然出会ったときも、結婚の申込みの際も、杜史子への愛着を隠そうとしなかった人だ。娘を沢内へ置いて渡満することが、どんなに忍びがたいことであるか、よくわかった。その夫が両親にさからえなくなっているのだ。

結局、杜史子は沢内の両親の許へ置いていくことになった。後年ミキは、「なぜ連れていってくれなかったの」と杜史子にうらまれるのだが、共に渡満していれば、戦火のもとでどのような運命に遭遇したか、これもまたわからないことであったろう。

昭和十二年九月末、晟雄とミキは渡満した。台湾の後始末は、従弟の柏崎に依頼した。柏崎と晟雄は、この後ついに生きて会うことがなかった。

晟雄は、満州拓殖公社の総務課勤務となり、法規主任の椅子についた。一年後、総務主任となるが、課長は秋田出身の小田島興三という人だった。小田島は一高・東大出で、なかなかの切れ者であった。だが、勤め人タイプではなく、上層部との折合いはよくなかった。晟雄も似たような性格であったが、そのせいもあってか小田島に見込まれた。

晟雄とミキは、新京市建和街二〇六番地のペーチカのある社宅で新しい生活に入った。沢内の生活から、いきなり異国での新婚生活に変わって、外地生活に馴れていた晟雄はともかく、ミキには気苦労の多い日々がはじまった。晟雄は新しい仕事に熱中した。満州移民は昭和七年（一九三二年）の秋から行なわれていた。第一次の「弥栄村《いやさか》」、第二次の「千振村《ちぶり》」はそれぞれおよそ五百名の規模であった。この二村は、昭和十年代に入るやモデル村として移民促進の宣伝に使われたのであるが、この移民団は実は完全な武装移民であった。そして、モデル村の宣伝に反して、退団者が相次ぐという実態であった。軍事的要請から、北満のソ連国境近くに入植したこともあって、移住農業はうまくすすまず、中国人民の抵抗や襲撃、「屯墾病《とんこんびょう》」といわれる集団的なノイローゼなどで、崩壊に近い状態にあった。こうしたことから、純真な年少者を大量に移民させる方策が練られ、晟雄が渡満した年の十一月三日に「満蒙開拓青少年義勇軍編成に関する建白書」が近衛《このえ》内閣に提出された。これを実現しなければ、二十年間で百万戸移民の計画は達せられないとされたのである。この義勇軍制度は、折から拡大の一途を辿りつつあった日中戦争に屈強の男子を大量に必要とした事情もあって、政府は直ちにこれをとりあげて実施に着手した。晟雄が渡満した時期は、このようなときであったのである。晟雄はやがて「満州国」の現実を知り、関東軍の横暴専断や、侵略的な開拓に怒りや疑問を抱くようになるのだが、はじめのうちは、満蒙の新天地開拓、五族協和という目標や理想に強い期待を持った。また、昭和初期からの農業恐慌以来、内地農村の潜在的過剰人口は深刻であり、その解決のためにも、新天地開拓は必要なことだと考えていた。そうだから、自己の職務に疑いを持つことはなく、満拓での仕事に精励していった。

ミキにとって、新京での生活は苦労が多かった。しかしミキはいやな顔ひとつ見せず、晟雄に協力した。なにしろ家を新築したための大きな借金返済に、毎月相当の仕送りをしなければならない。ボーナスのときにはそれなりに大きく送る。「苦労かけるね」と晟雄はいたわるが、家計の不如意については無頓着きわまりなかった。金もないのに本をいっぱい買った。本箱からあふれて床の間に積み重なる。本屋への支払いで米を買う金がなくなり、ミキは生まれてはじめて質屋通いをした。

「本を読んでおなかがくちくなればいいわねえ」

と、皮肉をこめてミキが言うと、

「哲学を持たぬ人間はだめだ」

という答が返ってくる。読書傾向は多彩で、なかでも哲学や宗教の本が多かった。

職場の同僚や部下を連れて帰宅することも頻繁だった。晟雄は外では殆ど飲まなかった。それで帰宅が遅れるということはなかったが、そのぶん深夜まで語り飲み続けるのだから、ミキにとっては大変だった。連絡もなくいきなりやってくるから、はじめのうちは泣きたくなるほどの思いだった。しかし、馴れるにつれて即席の手料理にも上達し、呑んべの相手もうまくなった。これは後年の村長時代に大いに役立った。

ミキは毎月必ず、沢内の杜史子へ小包を送った。それは、おもちゃであったりお菓子であったりしたが、たまには女の子の洋服が入ることもあった。ミキはまた、カタカナでせっせと手紙を書き送った。杜史子と共に暮らすことで母親になろうとしたミキにとって、手紙や小包でのつながりではあきたりなかったが、遠く離れてしまっては、それが精一杯の娘へのおもいやりなのだった。

ミキには、思いつめると、とことんやりぬくといった気質があった。それは晟雄にも共通するものであり、その点で二人は深いところでの一致があったようだ。晟雄のほうが反骨反俗ぶりでは一枚も二枚も上手であったが、その晟雄が思わず唸ってしまう出来事にぶつかった。ミキが、子を産まないと言いだしたのである。それも、生涯産まぬために手術をするので承知してほしいというのだった。

「どうしてなんだ」

晟雄は、妻の真剣な表情に圧倒される思いで問い返した。

ミキは、自分の生い立ちや、子ども心に焼きついてしまった継子いじめの世界が自分に刻みつけた、暗く潜んだ思いを夫に語った。自分に子ができれば、自らの母性にひそむ魔がどのようにうごめくかもわからぬ、それに、杜史子を直接育てられない条件のもとでは尚更に自信はない。

「わたしは愚かな人間です。ですから、子を持たないことで杜史子のほんとの母親になるほかありません」

ミキは、考えに考えた末の決意を実行に移そうと思ったのであった。

「はやまってはいけない。よく考えた上で結論を出さなければ……」

晟雄は、自分が見込んで結婚したミキであったが、思いがけない申し出に驚いてたじろいだ。

「どうか、そうさせて下さい。女だからといって、必ず子を産まなければならないということはないでしょう」

「それはそうだが、しかし……」

それから幾晩も、二人の間で話しあいが続いた。だが、ミキの思いは少しも変わらなかった。

「ほんとうにそれでいいんだな」

これが晟雄の最後に言った言葉だった。それに対し、ミキはきっぱりとうなずいた。これは渡満して間もない頃のことであった。当時としてみれば、型破りの夫婦であったといえよう。

この後、晟雄は一言もこのことについて語ったことがなかった。いや、一度だけあった。そのことはやがてのちに記すことになるだろう。


晟雄は、満州拓殖公社に二年ほどしか勤めていない。自分の思いえがいてきた理想と満州の現実との間に、埋めがたい落差があることに気づくのに、それほどの時間は要しなかったのである。

「王道楽土と言っているが、王道にあらずして覇道《はどう》だよ。なにが五族協和だ。よその国へ来て、アゴでこき使って、これでいいのだろうか。軍の横暴さといったら話にならない」

帰宅してそんなことを晟雄は言うようになった。会社での出来事をほとんど口にしない晟雄がそう言うようになったのだから、ミキは驚き不安を感じた。たしかに「満人」と呼ばれる中国人と日本人の間には歴然とした差別があった。満人のボーイを雇っている日本人家族もあったが、働いているその姿を見ただけで、日本人は支配者の位置にいることが明白だった。

晟雄は言うのだった。昭和十三年（一九三八年）一月にはじめて募集された満蒙開拓青少年義勇軍は、鳴物入りの宣伝もあって、五千人の募集に対し二倍の応募があり、八千人近くが採用された。ほとんど貧農や小作の子弟たちだった。義勇軍は内地の訓練所で三カ月の訓練を受けて満州へやってくる。そして、現地訓練所で三年の訓練の後、一戸あたり十町歩の耕地が与えられ建国農民になるのだった。その数は昭和十三年中に二万人に達する勢いであった。

「これからもぞくぞくとやって来るだろう。いかに満州は広大無辺だといっても、そうなったら土地はどうするのか。おそらく現地の人たちの耕地を取り上げることになるよ。俺はいやだね、そんな仕事。小田島さんも長くいるつもりはないらしい」

晟雄は深い幻滅におちいっていった。ミキはそういう夫を見るのがいやだった。ミキから見ると、晟雄は磊落《らいらく》な性格に思われた。だが、意外に神経の細かいところがあることにしだいに気づいていった。それがときに激しく外へあらわれることがある。晟雄が帰宅したときに、ミキが買い物などに出かけて留守であると不機嫌になることがよくあった。一人息子として育ったことからくるわがままと思えたが、いつも帰る時刻をわかっているのに気づかいに欠ける、そういうことがいやなのだとわかると次第に理解できた。ひとに言われてやるのでは、それは半分のこと、黙っていても満足を与えるように気づかうことが大事、晟雄がそう言ったことがある。ミキにとっては、若い頃の晟雄はいささか扱いにくいところがあったようである。

同僚や部下などを連れ帰っての席で、晟雄のとる態度にある特徴があることにもミキは気づいた。

それは、信頼を得ようとする相手に対して、すこぶるきびしく接することであった。なにもそこまで言わなくとも、とかたわらではらはらすることがあった。相手によっては血相を変えることがある。口論にも似た激論を酒の席でかわす。晟雄はいくら飲んでも乱れることはなかったが、突然に挑発に近い言辞を吐くと、ミキには夫が悪酔いしたのではないかと思われるのだった。客が帰ったあと、

「なにも、ああまでおっしゃることはないでしょう。気を悪くなさいます」

ミキがそう言うと、

「それで離れていく者はそれまで。問題は、どれだけ本音が吐けるかだよ」

と、晟雄は平然としていた。注意深く見ていると、離れていく者もあったが、たしかに晟雄の「挑発」を契機に、深い話しあいや裸のぶつかりあいが生まれていくのだから不思議だった。この晟雄の独特の態度は、のちに村長となった時期、再びミキをはらはらさせるのである。

ともあれ、このころのミキにとって、夫の晟雄は複雑な性格に思われてならなかった。満拓の仕事への嫌気が高ずるにつれ、晟雄の感情の起伏も大きかった。この人はいつまでつとまるのだろうか。ミキは内心に危惧を持たざるをえなかった。

昭和十四年（一九三九年）秋、晟雄は満州拓殖公社を退職し、満州重工業東辺道開発会社に転じた。朝鮮との国境に接した大栗子溝《だいりつしこう》鉱業所の次長に就任したのである。これは、先に転出していた小田島興三の引きによるものだった。晟雄は小田島からの打診を受けたとき、渡りに舟の思いであった。

晟雄は、本社勤務ではなく現場に入りたいと望んだ。国策会社につきまとう官僚主義に嫌悪を抱いていたからだった。小田島は自分のそばに置きたかったようだが、晟雄の強い望みをひとまず聞き入れることになった。

大栗子溝鉱山は、良質の鉄鉱石を産出した。軍需に応えて新しく鉄道が敷設された、鴨緑江《おうりよっこう》をのぞめる所にあった。晟雄は着任するや坑内を案内された。だがこれは案内とは名だけの、新任者に対する一種の洗礼であり、危険な場所を引きまわすキモ試しのようなものであった。晟雄はそんなことは知る由もなく、案内されるままに質問を発しつづけて歩いた。後日、これがキモ試しであったことを知らされたが、そのとき、

「とにかく深沢さんの度胸はたいしたもんです。たいがいの人は縮みあがって口もきけなくなってしまうのに」

と言われ、苦笑せざるをえなかった。こんなことで晟雄は着任早々に信頼を得た。いかにも現場らしいと面白く思った。

晟雄は、鉱業所の次長として本社の要請を忠実に実行する立場になったが、現場で働く者を大事にすることを心掛けた。

貧しい人びと、働いている人びとを大切にし思いやる、そういう人びとにたいしては徹底してやさしい、という晟雄の態度は生涯一貫していた。しかし、日本軍国主義の植民地支配という客観的条件のもとで、いかに晟雄が努力してみても、それはたちどころに限界にぶつかってしまうのだった。

鉱山には、多くの中国人や朝鮮人が働いていた。工人と呼ばれる彼らは、「指導民族」である日本人の完全な支配のもとにあって搾取されていた。大栗子溝はそれほど大きな規模ではなかったが、しかし圧倒的に工人たちの力に頼っていた。したがって出鉱高をあげるために、一定の労働条件の改善の余地はあった。だが、「五族協和」を実践する条件はまったくといってよいほどなかった。しかも戦争が拡大し激化するにつれ、晟雄の主観的な努力さえ無理になってきた。

昭和十六年（一九四一年）に太平洋戦争がはじまり、やがて戦局が不利になる昭和十八年頃になると、軍の命令にひとしい本社からの指示の前には、晟雄の善意は無力と化していった。

晟雄の表情に、苦渋の翳が宿るようになった。戦争の時代に生まれついた不運を、晟雄は悲哀に似た感情で嚙みしめていた。当時写した国民服姿の写真を見ると、鋭く光る眼光の奥に、どこか憂鬱が漂っているように思われる。

晟雄は東辺道開発を三年半ほどで退職している。本社の新しい重役ににらまれ、大栗子溝から中国の済南支社へ左遷された昭和十八年春、赴任直後に辞表をたたきつけたのであった。これといった当てがあったわけではない。晟雄はその直後から一週間ほど、高い熱を出して寝こんだ。落胆と疲労のせいであったようだが、大陸への雄飛の夢が無残にもついえさった傷心が、そのような形であらわれたのにちがいなかった。

病気が回復するあたり、本社からの慰留工作が再三あったが、「一度出した辞表を撤回するわけにはいかない」と、晟雄はかたくなな態度をとった。

済南は黄河の南、山東省中央のやや北よりにある。内外二城にわかれる済南城は、中国の城市中でも異色で、七十二泉の都と称されるほど泉池の湧出が多く、城内の北隅にある大明湖はとりわけ著名であった。南方七十キロほどの所には、有名な泰山があった。

浪人の身となった晟雄は、ミキをともなってつかのまの清遊を楽しんだ。

「これからどうなさるおつもりですか」

ミキは一度だけたずねた。沢内の家の借財はすでに返し終っていたが、いつまでものんびりできる余裕はなかった。

「なんとかするさ。小田島さんが心配してくれてるようだ」

晟雄はそう答えただけで、久しぶりにのんびりと春を楽しんでいるふうであった。楊柳《ようりゅう》の新しい緑は美しかった。

「戦争はどうなるんでしょうかねえ」

ミキは、のどかな春景にうっとりしながらも、心に影がさすのだった。

「こんな大きな国を支配しつくすなんて、不可能だろうなあ」

晟雄は、宏大《こうだい》な空をあおぐようにして言った。

泰山に遊んだとき、晟雄は言った。

「泰山は土壌を譲らず、という言葉がある。土壌とは土くれのことさ。つまり泰山はちいさな土くれをも含んでいるからこそ大きい。人の場合も同じさ。たくさんの人びとの、土くれのようなちいさい意見でもよく容れる度量がなければ、人は大を成せない」

どういう意味で晟雄がそう言ったのか、ミキにはわからなかったが、名言ではあるが至難の業だと、そそり立つ特異な山容を眺めながら思った。

泰山のある山東山脈のなかに、まもなく晟雄は職を得た。淄川《しせん》という所にあった北支開発山東鉱業所に入ったのである。本社は青島《チンタオ》にあり、淄川の鉱業所は良質の石炭を産出していた。職員・労働者あわせて三千人という規模で、晟雄はこの炭鉱の総務部長になったのである。大栗子溝と同様に、多くの中国人を使用しており、晟雄は気がすすまなかったが、心配してくれた小田島の世話でもあり、戦時下の生活ではいやと言えなかったのである。

晟雄は再び、出来る限りのことをしようと働いた。上海時代に知った中国人民の根強い反日感情や、満州での体験から考えて、日本人である自分には何ほどのことも出来ないとわかりつつも、中国民衆の苦悩の万分の一でも和らげえたらという気持が動くのであった。

淄川の炭鉱は、かつてドイツ人のひらいたもので、第一次大戦後、日本が権益を得た。晟雄らの社宅は、その頃に建った西洋館であった。旅館もない街のことゆえ、本社などから人が来ると、子どものいない晟雄の所は宿舎がわりとなった。それに満州時代と同様、晟雄は部下をよく連れてきた。ミキの天手古舞は相変らず続いた。

戦況はしだいに悪化していった。これからどうなるか、日本人の間には濃い不安が漂いはじめ、そのことがひそやかに語られることが多くなっていった。しかし、日本が負けるとは誰も思わなかった。現地召集がすすみ、炭鉱には若い日本人男子はいなくなった。容易ならざる事態であることだけは明白で、食糧や衣類が急速に不足するにつれ、不安はより深まっていった。

こうして、昭和二十年（一九四五年）の夏をむかえた。

ソ連参戦の知らせは、淄川にもすぐ届いた。炭鉱の幹部職員はいちはやくそれを知ることができたが、そのときでも日本陸軍最強の関東軍の存在を、人びとはたのみと考えて敗戦を予想すらしなかった。だが、すでに関東軍の主力は南方に転送されており、無力と化していたのであった。穴埋めに、一般開拓団や義勇軍開拓団のあらかたが召集されていた。満州の大悲劇がはじまっていたのである。

八月十五日正午、日本人は全員集められ、ラジオの「玉音放送」によって終戦を知らされた。はじめて聴く天皇の声は弱々しかった。日本の敗北によって戦争は終ったのである。晟雄もミキも呆然として立ちつくしていた。

長い戦争が終った。その瞬間、晟雄らは「敵地」の真只中に裸となったのである。淄川は、国民政府軍の支配下に入った。現地の力関係は完全に逆転した。戦争が終ってほっとする間はまったくなかった。生きて帰国できるかどうかもわからなかった。

晟雄はこの時期、鉱業所に泊りこんで帰宅しなかった。社宅から鉱業所までは、徒歩で十分ほどの近さにあり、同じ城内であったが、爆竹や銃声などが聞こえる状況のなかで、ミキは大変に心細い思いをした。職務上晟雄は、炭鉱の維持と日本人の引揚げについて奔走しなければならない立場にあった。

数日後、済南への引揚げの指示が出た。日本人職員やその家族は、わずかな着替えだけを持って淄川の停車場へ集結した。そこから山東鉄道（済南・青島間）本線の張店《チャンテン》へ出、済南にむかうのだった。

日本人が引き払うとほぼ同時に、中国人の暴動が発生し、城内には銃声がこだました。晟雄は姿を見せず、ミキは気が気ではなかった。このような形で別れ別れになるのであったら、引揚げなどせずに淄川へとどまりたいとさえ思った。だが、発車直前に晟雄は走ってやってきた。その姿を見た瞬間、ミキの目から思わず熱いものがふきこぼれた。夫との一体感が強烈に身を貫いて走った。

人びとは身を寄せあって汽車にゆられ、張店へたどりつき、学校の講堂に収容された。そこで数日の待機の後、済南への移動が指示されたのだが、同時に、晟雄ら数人の幹部職員に対しては、淄川へ戻れとの軍の命令があった。このときミキは、必死になって夫とともに残ることを望んだ。自分たちには子どももいないし、何かと女の手も必要であろうと。しかし、このねがいはいれられなかった。

「女の身では危険だ。何が起きるかわからない。とにかく今は状況が混乱しているから、あんたは済南で待っていなさい。われわれの帰国ぐらいは、中国の人も認めてくれるだろう」

晟雄はそう言ってミキをさとした。

済南でもミキら日本人は学校の建物に収容された。ミキはここに二カ月ほどいた。はじめの半月は通信も途絶し、淄川の情報は皆無だった。食糧事情も極めて悪く、カボチャなどを食べる日々が続き、子どもや老人に病人が出はじめた。集団に焦りと不安が増大していった。

半月ほどした頃、軍の命令で炭鉱を再開する仕事に従事しているらしいという情報が入ったが、詳細はまったく不明であった。当時、この方面の日本軍はまだ武装解除していなかった。済南に拠点を持ちながら、山東省全域で八路軍の強大な圧力を受けていた国民政府軍が、日本軍の力を活用しようとしたためであった。国府軍は、済南・青島間の点と線を辛うじて確保していたにすぎず、日本軍に対し、その復員まで、治安の維持と両国民保護について協力を求めたという特殊な事情があった。そのため、八路軍と日本軍の戦闘が敗戦後にも行なわれたし、民間人に対する軍の命令も生きていたのである。

それから一カ月ほどして、食糧調達のため張店まで車を出すという噂を耳にしたミキは、その車に便乗して淄川へ戻ることを考えた。張店行を計画していたのは総務課長のモトジマという人だった。ミキはぜひつれていってほしいと頼みこみ、残留した職員の家族のうち、夫と二人きりの人や身軽な人びとに誘いをかけた。無謀な企てかもしれなかったが、このまま一人では帰国できないという思いのみがミキをかりたてた。

モトジマは危険を理由に断ったが、ミキは必死になって頼みこんだ。ミキに同調する夫人が二人あらわれた。今井という経理部長の妻と、中学生の男の子がいる梅川という人であった。ミキと合わせて四人は、どうか残っている夫や父のもとに連れていってほしいと懇願した。モトジマの計画では、張店に行けば炭鉱の関係者がいるので、そこでなんとか食糧の調達をはかりたいというものであった。しかしその先の淄川までは責任を持つことができないというのだった。あとから考えればよくも言い張ったものだと思われるのだが、ミキは張店から淄川までは自力でなんとかするからと、モトジマにしがみつくようにして頼んだ。

強引に承知させたミキら四人は、十月はじめのある朝、中国人の運転するトラックで済南を発った。モトジマともう一人の職員が同乗した。トラックは幸いにも無事に張店に着いたが、そこから淄川への便の手がかりはつかめなかった。ただ、残留した夫たちが無事で炭鉱管理の仕事についていることが判明し、ミキらは矢も楯もたまらなくなった。責任を感じたモトジマは、中国人運転手の協力を得て、ミキたち四人を淄川に運んでくれたのであった。

こうしたミキたちの行動が波紋を呼んで、その後数家族が済南から戻った。こうしたことが可能だったのは、石炭という重要物資のせいであったろう。敗戦とはいえ、生きものの炭鉱を維持するためには日本人の力を必要とした事情があったのである。汽車の運行のためにも、さまざまな生産活動のためにも、石炭の生産は持続されなければならなかったのである。

やがて新しい年になった。そして間もなく、軍隊の引揚げがはじまった。その背景には、この地方が八路軍の支配下に入りつつあった情勢もあったようだ。この軍隊の引揚げの際、すべての日本人職員とその家族の同行が求められた。このとき晟雄は、日本人全員の無事引揚げを確認のため、最後までとどまると言って動かなかった。

結局残ったのは、深沢、今井、梅川の三家族七人と日本人通訳の合わせて八人だった。軍隊と、それに同行する日本人が去った直後、あちこちに銃声が響き、火の手があがった。なぜか晟雄らの宿舎の附近は無事であったが、そこを囲むように火は燃えつづけ、その夜八人は一睡もできなかった。

一夜あけて、淄川は八路軍の完全な支配下に移っていた。

晟雄は腹をくくっていたが、残った者たちの安全を確保することが急務だと考えた。四人で話し合った末、晟雄は八路軍の責任者に宛てて手紙を書いた。炭鉱はすでに中国のものであるが、これを動かすためにはまだわれわれの力が必要だと思われる。炭鉱を無事に中国人民の手に渡せるよう働くので、われわれの生命と安全な帰国(青島までの引揚げ)を保障してほしい。通訳がこの手紙を持って出かけた。通訳はやがて戻ってきた。明日、会見に応ずるという返事を持って。その夜八人は、ほっとして眠った。

翌日、通訳を含めた男たちは、白旗をかかげて指定された場所へ行った。話し合いには時間がかかったが、晟雄らの申出は認められた。八路軍の代表は言った。

「当分の間、不安なく生活できるよう保障する。炭鉱経営については援助してほしい。生命の安全と引揚げについては保障する」

晟雄は胸をなでおろしていた。八人の日本人は、久しぶりにゆっくりと眠ることができた。ベッドのある宿舎ふうの建物での共同生活がはじまり、晟雄らは約束を忠実に実行していった。

中国の内部に孤絶してあっても、新しい情勢は伝わっていた。新年早々、国共両軍の停戦協定が成立していた。日本の天皇は、自ら神格化否定の詔書を発したという。労働組合が自由となり、婦人に参政権が保障されるなど、祖国の民主化がすすんでいる模様も断片的に知ることができた。その一方、日本の起こした戦争は侵略の戦争であり、その責任者は戦争犯罪人として処断されるという情報も入った。東条英機らがすでに逮捕されていることも知った。

晟雄は、自分が大陸への雄飛に理想を託した無知に深い悔恨を覚えた。時代にただ翻弄されたことがくやしかった。晟雄は、自分を痛めつけるように働いた。

戦争のない中国に春がやってきた。三月に入って間もない頃、晟雄たちは任務の終了を意外な形で知らされた。

「あなた方の仕事は終った。あなた方を祖国へ帰還させる段階になった。だがその前に、侵略者の先兵としての責任は追及されなければならない。近いうちに裁判を行なって判定した上でなければ帰せないので待機するように」

こういう指示が八路軍から下り、八人は粗末な建物に軟禁状態となった。年配の今井は約束と違うといきまいた。共産軍など信用できない、中国人とはそもそもわからない連中だ。せめて重慶政府の管轄下であったなら、知っている要人もあるのだが、と嘆いた。

晟雄は、総務部長である自分が、ここでは最高責任者だと思い、覚悟を決めた。ミキにもそれはわかった。

「人民裁判とやらでわれわれが有利なことは皆無だ。たちどころに銃殺されるかもしれない。あんたも覚悟しておけよ」

夜、抱きあって横たわりながら晟雄はミキに囁いた。ミキは泣くばかりであった。

軟禁状態になって四、五日たったある朝、晟雄一人だけが呼びだされた。通訳は不要だという。ミキは立っているのがやっとだった。晟雄も緊張した表情で無言のままミキを見つめ、それからみんなに言った。

「行ってみなければわかりません。とにかく行ってきます」

晟雄は、兵士たちに囲まれて連れていかれた。ミキにとって、このときほど時間の長さを感じたことはなかった。時間は死んだように動こうとしなかった。「奥さん、大丈夫ですよ。深沢さんは中国人にやさしかった。それに民間人なんだから」——まわりの人びとの慰めの言葉も、ミキには無意味に思えた。いつ不吉な銃声が響くか、息もつけないような苦しさだった。ミキはただ祈った。祈ることをしていなければ死んでしまいそうであった。

夕方近く、疲れきった表情で晟雄が帰ってきたとき、ミキはその場にへたりこんでしまった。極限状況をくぐり抜けてきた夫はもっと疲れているだろうと思ったが、ミキは全身から力が抜けてしまったようで、夫の無事に涙ぐむばかりだった。

晟雄は人民裁判の様子を語った。大勢の中国人に囲まれて椅子に座らされた。兵士たちもたくさんいた。数えきれないほどの群衆だった。おそらく数百人はいたろう。自分は中国語は断片的にしかわからないし、通訳も簡単にしか伝えなかったが、日本帝国主義は中国を侵略し、おびただしい中国人を虐待酷使した。数えきれぬほどの中国人を殺害した。家も焼いた。財産も奪った。淄川炭鉱においても、虐待酷使はあった。深沢はその最高責任者の一人である。そういう起訴状の朗読のようなことがあった。晟雄にも弁明の機会が与えられた。自分は現在たしかに最高責任者であり、酷使の責任を問われればそれは自分にあろう。だが、自分は虐待や酷使はしていない。一民間人として国策にそって働いたのである。たしかに日本は中国民衆にはかりしれない苦しみを与えた。そのことは深く反省している。晟雄はしかし多く語ることはできなかった。いくら弁明したところで弁明できるものではなかった。晟雄は観念して黙って座っていた。多くの中国人が次から次へと壇上に立って、声をふるわせながら日本人の罪状を言いたてた。日本鬼子《リーベンクイズ》、東洋鬼《トンヤンクイ》という言葉が何回も耳を打った。告発はいつまでも続いていった。短い昼の休みの後にも続いた。晟雄は目を閉じて耐えていた。理想を夢みて大陸へ渡ったことの最後が、いまこのようにある。そのことだけがまぎれもない事実として痛切に思われた。

短い激越な告発の証言がはてしなく続いた。が、ある瞬間、晟雄は自分の耳を疑った。「深沢は違う。日本はそうだが、深沢は違う」という通訳の声を耳にしたのだ。痩せた小柄な中国人が、両の掌をひらいて振りながら壇の上で話をしていた。その男の話はかなり長く続いた。晟雄には見覚えのない男だった。言葉はわからなくても、彼が自分を弁護する証言をしていることはわかった。

やがて、「裁判官」の申し渡しがあった。証言について調査を行なう。それには一週間を必要とする、というものであった。

「あとは運を天にまかすほかありません」

晟雄は最後にそう言った。

針の筵《むしろ》に座ったような一週間がたち、晟雄は再び呼びだされた。晟雄は最悪の事態を覚悟していた。

裁判に当たった八路軍の兵士が数人いる部屋に、晟雄は案内された。責任者らしき兵士が何か言った。通訳がそれを伝えた。

「深沢は罰せられない。青島までの引揚げを保障する」

晟雄は耳を疑った。閉じていた目を思わずあけて正面にいる兵士を見ると、彼は微笑を浮かべていた。

「青島に誰か知っている人はいますか。連絡してあげます」

と彼は言った。晟雄はそのことを通訳から聞いて、これは夢ではないのだと思った。深い感謝の思いが胸を満たした。

「温情に心から感謝します。よく許して下さいました。生涯忘れません」

晟雄は深く頭を下げた。

八路軍は約束を確実に実行してくれた。淄川から青島の手前まで、数人の兵士が八人を守ってリレー式に送ってくれた。汽車に乗ったり歩いたりの五日の旅だった。

兵士の護衛つきの旅であっても、中国民衆は怒りをあらわにして一行にぶつけた。唾を吐きかける者、「日本鬼子」と罵声を浴びせる者など数えきれなかった。日本人単独の旅など思いもよらぬ状況だったのである。

青島に近づいたとき、一行は中国人の服を渡され、それを着るように命ぜられた。

「われわれの勢力はここまでである。ここから汽車に乗ればすぐ青島に着く。駅にはあなたがたの知人が出迎えている筈だから、心配しないでいくように」

護衛の兵士はそう言って一行を汽車に乗せてくれた。

青島の駅に晟雄らが降り立ったとき、連絡先として知らせておいた本社の三上常務が出迎えていた。八路軍は、彼らのルートを通じてちゃんと連絡をしていてくれたのだ。晟雄らは、やっと生きた心地をとり戻していた。

一週間ほど、ヨーロッパ的な雰囲気の青島に滞在して、晟雄たちは帰国の船に乗った。アメリカ軍のＬＳＴ（揚陸艦）だった。そして、昭和二十一年（一九四六年）の四月はじめ、佐世保の針尾に着いた。祖国の桜はすでに散っていた。晟雄とミキは、まったくの無一物で、八年半ぶりに祖国へ辿りついたのであった。

二人は、ほどなく沢内村の家をめざした。廃墟となった広島や神戸、大阪の姿は二人を驚かせた。戦争の惨禍のあまりの大きさは、晟雄の頭をこなごなに砕いてくるように強烈であった。人を殺して得られる幸福など断じてありえない。最大の人間苦をもたらす最大のものが戦争だ。この呪うべき戦争に、なぜ一億の民はかりたてられてしまったのか。晟雄は混乱する汽車の旅のなかで考えこまずにはいられなかった。

福井、新潟、秋田を経て横手へ、そして陸中川尻《かわしり》駅へと二人は着く。迎えの馬車にゆられて、なつかしい沢内村へと帰る。まだ残雪いっぱいの山々、雪解け水がしぶきをあげる川、山も川も元の姿のままに二人を迎えた。

「国破れて山河あり、か」

つぶやく晟雄に涙ぐんでうなずくミキ。そのとき晟雄四十歳、ミキは三十三歳であった。

第三章　村への道

「よくまあ続くこと。東北帝大出の学士さまに、百姓できるのだべか」

「まんず、真黒になって稼いでんだっけぇ」

毎日野良に出る深沢夫妻を、近くの村びとはそんなふうに囁きながら見守っていた。

「なあに、自作しているふりしねば、農地改革でやられっからな」

なかにはそう言う者もあった。二人は麦藁帽をかぶり、肩に鍬をかついで、和賀川べりにある田や畑にかよった。村びとに会えば丁寧に挨拶をする。が、村びとのほうはなんとなく距離を置いて接する。晟雄やミキの標準語に馴じめないこともあったろうが、二人はまだ村びとそのものになりえていなかったのである。小学校を卒業して以来ずっと村の外で生活をしてきた晟雄であったし、ミキにしても結婚した当座の五カ月ほどしか沢内に住んでいない。親類や、ごく近所の村びとを除いては、二人が他所者《よそもの》に近い存在に見られたのも無理はなかった。

晟雄が帰村した頃、日本じゅうの農村が、農地改革（第二次）の断行を占領軍から迫られていた。小地主の深沢家といえども、その波に洗われていた。ほとんど小作で経営してきたこともあって、自ら耕さなければすべてを失いかねない事情に置かれていた。それに、農村をも襲った食糧危機のもとで、晟雄はまったくはじめてといってよい農作業に従事しなければならなかったのである。無一物の身で引揚げてきた二人だった。ミキは、実家に行って着物をこしらえたりした。やがて深沢家の農地は大幅に減り、耐乏の生活を余儀なくされた。

黙々と馴れぬ百姓仕事に精を出す晟雄であったが、夜ともなると、昼の疲れも忘れて多弁であった。毎夜、飢えを充たすかのように議論を重ねた。その主な相手は、晟雄と同年の医師であった。

晟雄たちが帰ってみると、深沢家に医師の夫婦が間借りして生活していた。斉藤龍雄・アヤ夫妻である。アヤは戦時末からの村医であり、そこへ軍医少尉の龍雄が復員してきたのであった。深沢家は二階建の大きな構えで、以前にも医師夫婦に部屋を貸していたことがあったから、別に驚くこともなかったが、

「龍雄先生は共産主義者だぞ。アヤ先生も染まってしまってるようだ」

と父に言われて、晟雄は興味を持った。

斉藤龍雄は岩手県黒沢尻町《くろさわじり》（現北上市）の生まれで、盛岡中学から東京高校理科を経て、昭和十一年（一九三六年）東京帝大医学部を卒業、東京市養育院などに勤めていたが、教育召集を受けて弘前《ひろさき》師団に入隊、終戦を八戸《はちのへ》でむかえたのであった。

当時、村にできていた診療所（深沢家の向いにあった）は、花巻厚生病院の出張診療所で、戦争が激化するにつれ医師の派遣が不定となり、無医村に近い状態が続いた。昭和十七年（一九四二年）四月から、沢内村信用組合の代行で国保事業が開始されたが、統制経済のもとで特に医薬品の欠乏は甚しく、国保への理解も極度に悪く、事業は思うようにいかなかった。助産婦や看護婦を保健婦として採用し、医師の代用にしているような状態だった。そこへ斉藤アヤが来、そして龍雄も帰って

きた。二人とも軍服姿で診療にあたった。乞われれば深い雪をものともせず往診にかけまわったので、二人の評判はすこぶるよかった。龍雄は温厚な人柄で、アヤは若さと美しさで好感を持たれた。

晟雄は、思想の自由という解放感にひたりながら、龍雄との意見の衝突がどれほどあっても、その議論自体うれしかった。龍雄は学究肌の人で、もの静かであった。晟雄は情熱的で激しかった。二人に共通したのは、互いの理想家肌の性格であった。

当時龍雄はすでに入党しており、よく北上や盛岡へ会議で出かけていたが、晟雄に対し入党はすすめなかった。しかし、議論においては、あくまでも自説を曲げなかった。

晟雄は、明治維新以来の大変動期の中にあって、これからはじまる戦後の新しい時代をどう生きるか、真剣に模索していた。龍雄との議論は、そういう晟雄にとって有益であった。

学生時代に晟雄は、マルキシズムの文献に僅かながら接していたけれども、それに傾倒するには至らなかった。阿部次郎の人格主義に強い影響を受けたのだった。

龍雄の話は理論的で整然としていた。晟雄は、はじめてマルキシズムの洗礼を受けたようなものだった。戦争はなぜ起きるのか、国家とは何か、資本主義の根本的な矛盾解決のためには社会主義革命しかないのか、などなど毎晩のように二人は話しあった。晟雄は龍雄から影響を受け、多くのことを学んだが、龍雄と同じ立場に立つことはできなかった。共産主義を理想としては理解できた。しかし、現実を思うとき、その理想との間には天文学的な距離が横たわっていると思われてならなかった。晟雄は、倫理デモクラシーという言い方で、自分のイメージを龍雄の論に対置した。

二人は、民主主義という点では一致した。人間がとことん尊重されるためには、民主主義をほんように開花させなければならない。そのためには絶対に平和が必要であり、貧乏の追放が必要である。この点では深い一致が生まれた。しかし、そこから先の方法論になると、村の現実から出発しようとする晟雄と、歴史的必然を説く龍雄との間に、時には堂々めぐりに似た議論も起きるのだった。

当時晟雄は、ミキにこういうことを言っている。

「龍雄先生のいう共産主義は、それはたしかに人類の理想だろうし、俺は反対はしないけれど、それを絶対と唱えるのは、いささか子どもじみているな。理想をめざすことはわかるが、理想論だけではすすまない。俺はこの混沌とした現実から出発する以外ない。沢内村の現実から出直していくほかないね」

ミキは聞いていておかしかった。理想主義者であったはずの晟雄がそう言ったからだ。晟雄をしてそう言わしめる理想主義者がいる。それもおもしろく思われた。

この頃、沢内村農業会が毎月発行していた「沢内農報」という広報紙に、斉藤アヤが「農村の衛生について」と題して一文を書いている。次のような文章である。

農村の衛生問題をとのお話しでありましたが、先に社会講座の際お話しいたしました如《ごと》く、農村の衛生と申しましても之《これ》は農村の全生活状態に関連して居《い》るもので、一般文化問題の中の問題であり、衛生なら衛生丈《だけ》を取りあげて考えらるべきものでありません。従って農村の生活状態を現在より向上したものとすると同時に、衛生上或《あるい》は文化上の問題を自分等《ら》のまとまった力で要求し、且《かつ》獲得してゆかねばならぬものと思います。当村に於《お》ける衛生上の問題もなかなか沢山あるのでありますが、私一人如何《いか》に努力いたしましても、現在の生活状態並びに村民の自覚の改善されない限り永久に解決出来ないものと思います。

私の来村以来診療を通じてみますに、最も憂慮にたえないのは結核であります。結核の問題は当村ばかりでなく全日本の問題であり、なお且全世界人類の問題で、人の集る所必ず問題となるところの社会的疾病《しっぺい》であり亡国病であるのです。

日本は世界での有名な結核の国であり、日本に於きましては東北の貧農と結びついて余りにも有名なものである。私もここに参りまして、いかにもこの結核性疾患の多いのに驚きますと共に、その対策を如何にすべきかについて苦慮いたしている有様です。結局現在の社会機構に於ては、解決は不可能であるという結論に達して居《お》ります。不可能といっても放置する訳には参りません。多少なりともよくなるよう極力努力いたさねばならぬと考えます。

衛生問題は結核ばかりでなく伝染病疾患、乳幼児の問題、栄養休養等《など》の問題等々沢山あり、之等も次々解決してゆかねばならぬのでありまして、その解決方法を如何にすべきかについて私は保健委員会なるものを考えています。之も、農民組合、従業員組合等の完全な組織のない限り、何等意味なく且無力な存在となります。

それで私は、保健委員会を作るに先立ち、各組合組織の完全なるものの誕生を願う次第であります。そうして各組合によって人々の総意をまとめ、各組合代表によって保健委員会に働きかけ、保健委員会より診療機関に働きかけ、診療機関の活動を促し各衛生問題を次々に解決してゆくようにありたいものと希望いたして居ります。それには、村の人々が自分から自分等の生活をより向上したものにしたいという要求のない限りむずかしい問題であり、且出現は困難なものに思って居ります。

晟雄は、たとえばこうしたアヤの考え方には全面的に共鳴できた。龍雄の考えも反映されているにちがいなかったが、晟雄はこのような沢内村の現実から出発して、新しい生き方を村びとと共に創りだしたいと思うのだった（後年の晟雄の政治哲学のなかには、この時期斉藤夫妻から受けた影響が現われている）。

戦後間もない頃の沢内村にあって、晟雄や龍雄は、村のなかの最高の知識人と見なされた。この二人よりは若い碧祥寺《へきじょうじ》の住職太田祖電も、同じように目されていた。民主化運動の波が強くおこり、村の青年会が組織されていくなかで、青年たちはこの三人を放っておかなかった。

終戦を境にして、価値観は一変した感があった。これまで正しいと信じていたものが完全に崩れさり、青年たちは精神的支柱を失っていた。戦後、農村地帯に流行した「やくざ踊り」などの演芸会は、抑圧されていた若者たちの心を解き放って一時期の風俗となったが、そんなことだけでは心の飢えをいやしえない青年たちは、この三人から新しい時代の思潮や知識を吸収したいとねがった。

こうした機運のもとで、青年会主催による講座がはじまった。講師は、三人に加えて助役を退任したばかりの米沢喜六の四人が担当することになった。

深沢晟雄「時事問題」、斉藤龍雄「共産主義のお話」、米沢喜六「農業問題」、太田祖電「宗教のお話」――これが講座での四人の分担であった。四人は、演題にしばられず自由に大いに語った。この学校とも講演会ともつかぬ講座は、青年たちの手で村内各所で開かれていった。多い時には週に三晩もおこなわれ、青年たちだけでなく多くの老若男女の村びとが集まった。時には聴衆の面前で、晟雄と龍雄が激論をかわすようなこともあった。晟雄は、この活動のなかで一歩深く村びとに溶けこむことができた。

この講座が続くうちに、青年会の中の有志が結集して、沢内革新同盟という組織をつくった。ここに集まった青年たちは、青年会の講座だけでは満足できず、もっとつっこんだ理論学習をし、村の民主化のための実践を強めたいと考えたのであった。

この革新同盟の中心になったのは、北島暲男《あきお》という二十六歳の青年だった。彼はのちに村議会議員となり、議長となるのであるが、沢内村の民主化のためには、因襲の打破とボス政治の排除が絶対に必要であると主張し、きわめて行動的であった。また、この革新同盟には、診療所職員の照井富太という二十歳になったばかりの青年も参加していた。

彼ら十人ほどの青年たちは、斉藤龍雄を講師として、弁証法的唯物論の学習をはじめた。マルクスやエンゲルスの文庫本を、龍雄が盛岡から買ってきてくれた。この学習会は診療所で夜ひらかれた。龍雄の講義は熱がこもっていた。ふだんのおだやかさは消え、新しい政治哲学を育てようという気負いのようなものが感じられた。青年たちも眠気を忘れて真剣に学んだ。新しい時代のいぶきを吸いこむかのように、青年たちの目は生きいきと輝いていた。

こうした講座や学習会は、翌昭和二十二年（一九四七年）に入るとしだいに下火になっていく。斉藤夫妻が沢内を去って北上市に移り開業したことが一つの理由であった。龍雄はやがて党活動に没頭していくのだが、そのために沢内村を出なければならなかったのである。龍雄は、国政選挙や県知事選挙などにたびたび出馬した。そのたびに沢内村での得票は高い率を示した。彼の温厚な人柄に好感をもった村びとや、教えを受けた青年たちの強い支持を、それは物語っている。龍雄は昭和三十六年（一九六一年）一月、胃ガンで亡くなっているが、今でも当時の青年会員だった村びとたちの間で、折にふれて語られ、なつかしがられている。

戦後の一時期の泡だつような時代状況を反映した出来事ではあったが、ここで芽ぶいた民主主義の精神や、沢内新生への希望が開花するまでには、その後長い沈潜の時間を要したのであった。その年月はまた、深沢晟雄が真に村びとの一員となって村へといたる道程でもあったのである。

昭和二十二年の四月、公選第一回目の村長選と村議選がおこなわれた。この選挙が近づく頃、晟雄は村長選への出馬を求められた。青年たちを中心としたかつぎだしの工作がおこなわれたのである。

このとき晟雄は、再三の要請を断りとおした。帰村してまだ一年足らずであり、自己の生き方を模索している最中であって、いかにちいさな村とはいえ、村政にかかわる自信を持てなかった。

自分はまだ沢内の村びとになりきれていない。それに「政治にはかかわるな」という強いいましめがある。第一自分はその任ではない。晟雄は、すすめにくる人びとの熱意や誠実さには心を打たれたが、固辞しつづけた。晟雄の内心には、自分にできることはすべきであり、それをしないのは卑怯だという思いはあったが、しかし村長選に出馬する気持にはどうしてもなれなかった。晟雄の動向はかなり注目されたが、結局晟雄かつぎだしの工作は不発に終った。

だが、晟雄はこれを機に、自分は村のために何ができるのかを考えるようになった。それはまた、この村にあって生きつづけるか、それとも再び村の外へ出て生きるか、その選択にもかかわることであった。

このときの村議選で、革新同盟の書記長であった北島は、持論を主張して立候補した。村政が村の一部の門閥に左右され、一部の金権者によってなされているボス政治の打破と、村の置かれている歴史的地理的事情からくる根深い因襲の打破を彼は訴え、派閥争いの激しい沢内村で見事に当選をかちとった。晟雄は、彼の当選を支えた新しい力が村の中に生まれていることを喜んだが、古い農村共同体の根強い封建性や低い意識の実態、とりわけ豪雪地帯での積年の貧困の解決のためには、まだまだ厳しい現実の壁がたちはだかっていることを思わずにはいられなかった。生まれてくる子どもがコロコロと死んでいく実態は続いていた。トラコーマで目をぐちゃぐちゃさせた児童たちの姿に、幼い頃とさして変わらぬ村びとの貧しさがうかがえた。重い格差にあえぐ寒村にあって、人びとは民主主義よりカネや食糧に血眼になっていた。

こういう村の中で自分は生きられるか。何をなしつつ生きるか。村の中で生きるということは、村びとと共に生きることだ。自分にそれができるのか。晟雄は、龍雄に対してこの沢内の現実から出発するとは言ったものの、迷いはあった。一介の百姓として生きることにも自信はなかった。教師にでもなるか。ふとそんな思いも湧いた。晟雄は、二年つづきの不作のこの年、黙々と馴れぬ農の仕事にたずさわりながら考えつづけた。

この年の五月、新しい憲法が施行された。憲法の前文は、晟雄の胸にしみた。敗戦国日本が、この新憲法で少しは胸が張れるようになったと思った。龍雄に言わせれば、まだまだ不満や意見もあるだろうが、巨大な犠牲の上に成り立ったこの憲法の原理を、われわれは現実化していかなければならないだろう。それが戦争を許してしまった自分たちの世代の使命のように思われるのだった。

この憲法とて理想だ。暗い時代を生きてきた者にとってはまばゆいばかりだ。「すべて国民は、健康で文化的な最低限度の生活を営む権利を有する」――破産した国家経済の現状から考えると、なんという遠い理想であることか。沢内村の現実からこの権利を主張し、充たしていくためには、どんな方法があるだろうか。沢内村だけでは如何ともしがたい。晟雄は、新しい憲法を前にして、道の遠さに目もくらむような思いであった。

帰村して二度目の冬を越え、昭和二十三年（一九四八年）になった。片山内閣が倒れ、芦田連立内閣が発足した。やがて昭和電工疑獄事件がおこり、政界は混乱におちいった。晟雄は腹が立ってならなかった。世界情勢も東西対立の激化で緊迫の度を深めていた。アメリカは、日本を共産主義に対する防壁にすると言いだしていた。晟雄にとって腹立たしいことばかりつづく日々のなかで、彼は思わぬ人から一通の手紙を受けとった。

その手紙の主は、満拓や東辺道開発時代の上司であった小田島興三だった。なんだろうと思って封を切ってみると、これまた思いがけない内容がしたためてあった。

小田島は佐世保船舶工業株式会社（ＳＳＫ）の総務部長になっていた。晟雄に力を貸してほしいというのだった。つまり、佐世保船舶工業に入社し、小田島の片腕になっては貰えまいかというのだ。いろいろとそちらの都合もあるだろうが、自分は日本経済の復興のため造船業の再建に命をかけている、ぜひ君の力を借りたい、君もいつまでも郷里に引っこんでいるつもりでもあるまい、決断を望む、できるだけ早い返事を待っている。

「うーむ」

晟雄は読み終った手紙をミキに差しだしながら唸った。晟雄のうちに迷いが生じていた。いきなり選択を迫られたことと、これまでずっと村の外で生きてきて、広やかな世界を知ってしまったゆえの外への疼き、それに小田島と自分との性格からくるある種の懸念、それらが輻輳して晟雄の迷いを深めた。

さてどうしたものか。しばらくの間、晟雄は思い悩んだ。晟雄には義理固いところがあった。大陸時代に世話になった先輩からのたっての要請を、むげに断ることもできない。また、どうしても断らなければならないような縛られた事情にもない。自分を忘れずにいてくれたこともありがたいと思わなければならぬ。だが、こんど村を出れば、自分はついに村の外の人間として終ることになるだろう。それで構わぬのか。村の中には、自分を求めている誠実な人びとがいる。自分に何ができるかはわからぬが、新生沢内を説いた者として、できる限りのことをすべきではないのか。出てゆくことは、結果として村を捨てることになりはしまいか。

晟雄は考えあぐねつつ、ミキにも率直に問いかけた。

「いろいろと考えているんだがねえ。どう返事したらいいものなのか……」

ミキには、夫の迷いがよくわかった。というより、夫の変化がよくわかった、と言うべきなのだろうか。その変化というのは、夫が沢内村というものを強く意識しているということだった。かつての晟雄であったら、ほとんど迷わずに決断したであろう。晟雄の個性を生かすべき天地は、この山間の小村の外にしかなかったはずである。その晟雄が迷っている。ミキは明確には意識できなかったが、夫に生じている迷い、ひっかかりを価値あるものだと感じた。だが、この村でこの人は生きれるだろうか、と考えると、その答はほとんど否定的なものでしかなかった。

「昔にくらべたら、あなたも変わったけど、沢内の人たちとつきあっていけるかどうか、あたしにはとても不安です。人と会うのに一分遅れても怒りなさるあなたが、三十分や一時間の遅刻は平気な人たちと、波長が合うかどうか……」

ミキは、自分の感じる不安をそんなふうに述べたが、小田島と晟雄との間に生ずるかもしれぬ性格のぶつかりあいにも、一抹の不安を抱いていた。切れすぎてなかなか気にいる部下を持てない小田島だった。晟雄は例外の存在だった。だからこそ佐世保へ呼び寄せたいのであろうが、若いときと同じように勤まるかどうか。小田島は腹心の部下であることを晟雄に望むだろう。しかし、不惑の年を越えた晟雄にそれができるだろうか。いい加減の妥協ができない晟雄の性格は変わっていない。

しかしミキは、その不安については黙っていた。夫自身の決断こそが大事なのだ、と思った。

結局、晟雄は村を出た。佐世保船舶工業の総務部に入ったのである。彼のこの決断には、多分に小田島への恩義に報いるという心情が働いていた。造船所の仕事に、彼なりの理想を託したわけではなかった。いつまでも百姓をつづけるつもりはなかったし、さればといって、当面村にあって自己を生かす道も見つからぬ、という事情もあった。

この頃、のちに晟雄と深い絆で結ばれる太田祖電も、大谷大学の研究室に入って村を去った。彼はのちに、布教のためにブラジルへとおもむく。一時期、村の青年たちと未来を語りあい、啓蒙の役を果たした斉藤、深沢、太田の三人は、こうしてそれぞれに村の外へ出ていったのである。

新学制の高校生となった杜史子《としこ》を置いて、またミキと二人での佐世保行きであった。

実質昭和二十四年（一九四九年）から二十八年（一九五三年）までの、五年間の佐世保時代となるのであるが、この間の晟雄の生活は苦痛をともなう日々の連続となった。

佐世保はかつての軍港である。そこには五万七千人もの労働者が働く海軍工廠《こうしょう》があった。巨大な軍需産業施設である。終戦の翌年、その施設を国から譲り受けて、民間企業ＳＳＫは生まれた。晟雄が行った頃は、経営危機乗りこえのため数百名の首切りが断行されていた。それは晟雄にとって大変ショックな出会いであった。戦後の混乱の中で飢餓線上をさまよっている労働者たちを、企業再建の名で大量に首切っていく資本の側に晟雄は位置することになったのである。日本の経済復興のために、平和産業として生まれ変わった造船業の大きな舞台で、なんらかの役割を果たせるならばという思いは、その出鼻をしたたかにくじかれたわけである。龍雄が知ったらなんと言うだろうか。激越な言葉を思い浮かべて、晟雄は淋しい気持にならざるをえなかった。小田島は大変に喜んでくれ、晟雄は間もなく総務部次長になるのだが、この佐世保時代の時期は、戦後史の中でも波瀾に富んだ激動期であった。

戦後日本の民主革命の日差しは、昭和二十三年（一九四八年）を境にして翳ってしまった。第二次世界大戦後の社会主義国家圏の拡大で、アメリカは危機感を深め、ソ連との対立は激化する。日本を共産主義の防壁にするというアメリカの戦略によって、占領政策は大きく転換された。朝鮮は南北に分断されていた。中国の内戦も激化していた。昭和二十四年一月には、人民解放軍が北京に無血入城する。そして九月、ソ連は原爆の保有を公表した。アメリカの核独占は崩れた。トルーマン大統領は水爆の製造を命令する。十月一日には、中華人民共和国が成立する。

激しい世界情勢の進展を、固唾《かたず》をのむような思いで晟雄は見ていた。講和は遠のき、第三次世界大戦の危機が迫っているとさえ感じられた。一方、国内の情勢も緊迫していた。占領軍から厳命された「経済九原則」は、深刻なデフレをよびおこし、公務員や国鉄職員の大量人員整理の方針は、労働者の激しい抵抗を生んだ。下山、三鷹《みたか》、松川事件と、国鉄を舞台にした奇怪な事件が相次いで発生し、革新勢力は分断され後退していった。

昭和二十五年（一九五〇年）初頭には、マッカーサーが日本に自衛権ありとして再軍備を示唆した。そして六月二十五日、朝鮮戦争がはじまった。共産党は弾圧され、レッド・パージの嵐が吹き荒れた。

朝鮮戦争がはじまると、九州はアメリカ軍の基地と化した。佐世保もアメリカ海軍の出撃基地になった。造船所は、にわかに活況を呈した。佐世保の街には、戦争の匂いが濃く漂った。だが、それを吹きとばすように、軍需の増大、いわゆる特需景気で、かつての軍都は異様な活気を見せた。

ＳＳＫは首切った労働者を再び吸いこんで息を吹きかえした。

このような時期に、晟雄は総務部次長として、小田島を助けて働かなければならなかったのである。晟雄の苦痛は増大していった。小田島との間にも意見の不一致が多く生まれた。最終的には上司に従うことになるのだが、気まずい思いが重なった。何があったか妻のミキには一言も言わなかったが、会社を早退してきて、めしも食わずに蒲団をかぶって寝てしまうこともよくあった。いやなことがあったにちがいないとミキは察するのだが、そっとしておくほかはなかった。このようなとき、晟雄は翌朝の食事をいっぱいとるという癖があった。黙ってもりもりと食べ、そして出かけていく。がまん強くなったと思いつつも、不本意な仕事をしなければならない夫を、ミキは気の毒に感じてならなかった。

朝鮮戦争という隣国の民族の悲劇に乗じて、日本の鉱工業生産は戦前水準を突破する。ＳＳＫも内部蓄積を強めた。だが、この特需景気も長くはつづかなかった。国の庇護を受け、造船利子補給法成立のために政界との癒着を深め、やがて造船疑獄へとゆきつく造船業界であったが、朝鮮戦争の停戦会談がはじまり、特需景気が去っていくにつれ「平和恐慌」ともいわれる不景気が押しよせてきた。ＳＳＫは、再び合理化を迫られることになる。特需景気でふくれあがった人員の整理が、さし迫った問題となってくる。

晟雄の苦悩は深まっていった。不本意の上塗りをこれ以上したくなかった。働く者の首切りが自己の職務となることは耐えられなかった。小田島への義理を欠くことは苦痛だったが、それは許しを乞うほかはなかった。

「やめるぞ」

突然に晟雄は言った。ミキは黙ってうなずいた。内心ではほっとした思いであった。晟雄は辞表を出し、佐世保を去った。空しい思いのみが残った。


小一年ほどの東京での生活を経て、晟雄が沢内村へ戻ったのは、昭和二十九年（一九五四年）の六月下旬のことであった。失意に似た思いで帰村した晟雄を、梅雨に濡れそぼった沢内村の緑は静かに迎えた。山の香りに染まった空気も、やわらかに晟雄を包んだ。

一人娘の杜史子は、すっかり成人していて、晟雄が驚くほど美しくなっていた。それと対照的に、父も母も老いて白髪が目立った。父の晟訓《まさくに》は、一度軽い脳溢血《のういっけつ》にかかっていたので、とりわけ老いて見えた。晟雄は、四十八歳という自分の年も思わずにはいられなかった。

晟雄が帰ったということは、村びとの口伝いにすぐ知れわたっていった。

親類筋にあたる照井富太は真先にやってきた。村には珍しい三輪トラックを運転して、魚を持ってきた。

「深沢さん、ご苦労さんでした」

「いやあ、久しぶりだねえ。たいしたものを運転してるじゃないか」

「今は家業の魚屋をやっとります。これからは車がないと」

村の診療所で働いていた富太は、青年会の事務局長をしていて、講座を支えた。革新同盟にも参加していた。診療所は花巻厚生病院の出張診療所になっていたので、東北本線筋の石鳥谷《いしどりや》の診療所へ転勤を命ぜられ、一時村を離れていたが、家業を継ぐため村へ帰ってきていたのだった。

「北島くんはどうしてるかね」

「相変らず元気でがんばってますよ。今じゃ村議会議長ですからね」

「そうか、がんばっているか」

晟雄は目を細めた。

「近いうち、みんなして集まって、深沢さんの土産話コ肴にして……」

富太は明るくそう言って帰っていったが、晟雄は、自分には土産話などというほどのものはないと思った。その後の村の様子のほうを知りたかった。

「本質的には何も変わっていないさ」

と晟訓は言った。貧しい岩手の中にあっても一番の貧しさにあえいできた沢内村が、数年で大きく変わるはずもなかった。

「お前、これからなじょするのや」

とも晟訓は言った。晟雄は即答できなかったが、しばらくは弱っている父のそばにいてやろうと思った。

だが、そのしばらくはあっけない短さで終ってしまった。晟雄が帰村して一週間後の七月一日未明、晟訓は二度目の脳溢血で亡くなった。まったくの忽然たる死であった。

「あんだが帰ってきて、安心しなさったのだべ」

母のタミはぽつりと言った。晟雄は、父に対して済まないと思った。親孝行というほどのこともしてやれず、わがままをくりかえしてきた。時代の波に翻弄されたとはいえ、父の意にそわない生き方をしてきた。父は淋しかったにちがいない。杜史子の花嫁姿を楽しみにしていた父だった。もっと長生きさせてやりたかった。

父の野辺の送りを済ませて、少しの間晟雄はぼんやりとした日々をすごした。老いた母を残して、もう村の外へは出られまい。「これからなじょするのや」と父は言ったが、それは、いい加減にして村に落ちついたらどうかという意味をこめたものであったのだろう。父の死は、自分の転機の到来を教えているように思われるのであった。

失意に似た思いの底から、忽然と湧きおこってくる何かがあった。村にあってどう生きるか、再び回帰してきた重い主題を、晟雄は見つめはじめていた。

間もなく晟雄は、県立黒沢尻南高校沢内分校（定時制）の英語講師となった。働きつつ学ぼうとする青年たちに接しているうちに、新生沢内を説いた頃の情熱が再びよみがえって晟雄をつき動かしはじめた。貧しさのために定時制を選んだ青年たちを通して、村の現実が鮮明に見えてくるようになった。村内千二百世帯の一割が生活保護世帯であるという事実が示す貧困は、多くの児童を中学卒で集団就職におもむかせていた。村に残って、定時制でも高校へ進学できる者は恵まれているほうだと本人たちが語る現実は、晟雄に激しく大きな怒りを植えつけた。晟雄はたんに英語だけを教えてはいられなくなった。いきおい晟雄の授業は哲学的になっていった。

そんな晟雄の講師ぶりがぽつぽつ評判になりだす頃、思わぬ要請を晟雄は受けた。空席になっている教育長に就任してほしいという要請だった。当時教育長は、内記《ないき》伊八郎助役が兼任していたのである。

「わたしはこういう人間ですから、物議をかもすようなことにもなりかねませんよ」

晟雄はなんどもそう言ったのだが、熱心な要請を受けて、就任を承諾した。いきなりの要請であったら受けたかどうか、おそらく断ったであろう。定時制の講師をやっていたからこそ、思い切れたのであった。晟雄は、沢内村の学校教育の質は低いと感じていた。もちろん貧しさという問題がくびきにはなっていたが、教育行政の弱さや、教員の質の低さが目についてならなかった。しかしそれ以上に問題だと思ったのは、社会教育の低さである。低いというより無いに近いのだ。晟雄は、教育長を引き受けるからには思い切ってやる、と言った。自分が村で生きられるかどうかの試金石でもあると思った。

老朽の狭い役場の一隅に、教育長室はあった。眼光の鋭い新教育長を、役場の人びとはこわごわと迎えた。

晟雄が教育長に就任してまず最初に手がけたことは、村の婦人会づくりであった。当時婦人会はごく一部の地区にしかなかった。戦時中の婦人会が解体された後、それを民主的に再組織し、全村的な結びつきをつくることが放置されてきた。婦人参政権が保障され、その投票率は九五パーセントという高さを示していたが、それは婦人の意識の向上を証明するバロメーターではけっしてなかった。地域選挙のしめつけの中で、婦人は男たちに従っているだけであった。人口の半分を占める婦人の意識を民主的に変革し、自覚を高めていく。差別されてきた女性のほうが可能性を秘めている。それが民主的な村づくりの力となる。晟雄が最初に着手したのはそういう狙いからだった。

晟雄は何をしたか。それは、徹底して歩きまわり、婦人と話しあうことだった。新教育長の村内行脚は村びとを驚かせた。

「婦人が自覚を高めて力を合わせない限り、住みよい沢内村はできないのです。男どもや議員などのお偉方にだけまかせていてはだめです。婦人会をつくって、楽しい行事や勉強をして、新しい村をつくる力になっていこうではないですか」

これぞと思う自覚的な婦人を見出すと、彼女を誘って一緒に、晟雄は各家庭を訪ねて説いてまわった。教育長にじきじき来られて、主婦たちは恐縮してしまった。遠くから見ただけでは、晟雄の鋭い眼光と精悍な風貌に近よりがたさを感じていた人びとも、会って直接話しあう中で、おだやかな口調や柔和な笑顔を発見して驚き、晟雄を見直していった。婦人たちの動きが、にわかに活発となっていった。村内全地域に十五の婦人会が確立し、その会長と副会長で構成される沢内村婦人連絡協議会もできた。

次に手がけたことは、青年会の力を結集することだった。青年会は各地域にいろいろな形であった。その代表による座談会を組織し、晟雄は熱っぽく訴えた。各青年団体の連絡協議会も生まれていった。

晟雄はまた、農協青年部の結成や、役場の職員組合結成の必要を説き、促していった。こうしたことと合わせて、社会教育の重視を関係者に訴え、働きかけた。当時村へ帰ってきていた碧祥寺の住職太田祖電を、欠員のあった社会教育委員に委嘱したのもそのあらわれであった。

さらに晟雄は、村の広報紙を創刊して広報活動を徹底して強化することの重要性を、石川村長はじめ関係者に訴えた。晟雄の熱意は稔って、教育長に就任した翌年の四月、「広報さわうち」が創刊された。晟雄が編集長となり、太田祖電以下七名の編集委員会体制が設けられた。

創刊号に「広報のうぶ声に寄せて」という晟雄の一文がある。

（前略）広報活動を伴わない民主主義なんて、奇怪な化物の類であろう。村広報はいう迄もなく村政の実状をそのままに村民に知らせることを任務とする。この任務を果す事に関係者の諸賢が次の諸点に留意されたことは喜ばしい限りである。第一点は広報の客観性である。政治的に無色であり思想的に無臭であり聊《いささ》かも主観によって歪められた広報であってはならないとの意である。第二点は広報の民主性である。広報は決して当局一任のものであってはならないので、たとえば関係者の陣容も官民を問わず有能適格の方々に御苦労を願い、その公平と妥当を期する趣旨である。第三点は広報の庶民性である。広報は官報式であってもならないし研究論文であってもならないので、平易と興味の庶民性を重視し親しまれる広報を作ろうとの意図である。

右のような広報なら村民の高い評価を大いに期待していいと思う。しかしだからといって、これで広報任務がつくされた訳ではない。広報活動は決して印刷物的広報に止まるものでなく、活字手段以外に幾多の有効な広報手段のあることを忘れてはならない。この意味で印刷物広報に併せ加えて、それ以外の適当な広報活動の展開策を考えることは広報関係者の極めて重要な任務であると思う。（中略）

広報活動は村造りの「ビタミン剤」であり民主主義の栄養素である。少々金をかけても止むを得まい。「広報活動には金を惜しむな」という村民の声が、村当局にも議会にも高らかに鳴り響く日も近いと信じる。（後略）

こうして見てくると、晟雄の意図ははっきりしてくる。下からの村づくりである。そのための力、自治の力をつくりだしていくことである。今は一見無気力に見え、自主性に乏しい村びとかもしれぬが、その村びとの胸の深くには必ず人間らしく生きたいと欲する要求が潜んでいる。その要求を自覚させ、力にしていくこと、そのためには民主的な組織化が必要であり、強力な社会教育が展開されなければならない。村びとによる村びとのための政治。今はその、村びとによる、をつくりだすことが大事なのだ。晟雄はそう考えたのである。そこには、現在の村政のありように対する痛烈な批判もこめられていた。先の一文の裏側にそれは読みとることができる。

晟雄が思いきって行動できたのには、太田祖電の存在がある。彼との間には深い連帯があった。自分がどんなに孤立したとしても、彼ならわかってくれるし、支持してくれるという確信があった。社会教育重視の方針は、昭和三十年度の教育予算にもあらわれた。公民館活動が重視され、職員を事務局から公民館に移すなどの予算措置がとられた。婦人や青年の幹部学習、育成のための予算も大幅に増額された。

静かではあったが、新しい風が村内に動きはじめた。敏感な人は、それが新教育長を中心にして動いていると感じた。晟雄の人気はよかった。村のＰＴＡ主催の野球大会で始球式の役を頼まれたり、民謡保存会の会長に推されたりした。広報の前には広聴がある、という晟雄は、自転車で、時には富太の三輪トラックを「出動」させて、こまめに村内を歩いてまわった。また、彼の家にはにわかに来客が多くなってミキをあわてさせた。

人気が高まる一方に、晟雄への風当りも強くなっていた。派閥争いの激しい沢内村である。長いこと村の外へ出ていた人間が、帰ってきていきなり新風を吹かしはじめたのだから無理もなかった。しかし晟雄は意に介さなかった。酒席で、逆に毒づいてみせたりした。自分は、教育の仕事をつうじて村びとのために役立ちたい。風当りが強くなればなるほど、晟雄は確信を強めていった。彼にとって一番つらいことは、沢内村の貧しさだった。中学校における地域にそくした職業教育の強化や、卒業後の村内定着をうながす育英資金制度の実現に力をつくしたりしたが、村の貧困を克服する道は余りにも遠く感じられてならなかった。

晟雄が教育長になって一年とたたぬ昭和三十年（一九五五年）の初秋、彼は佐々木吉男という男の訪問を受けた。彼は農協の専務であった。

「お願いがあって来ました」

実直な感じの佐々木は、長身の身を深く折って挨拶した。佐々木とは一度、玉泉寺という寺で一緒に飲んだことがあった。兵隊にとられて、満州に二度渡り、終戦は沖縄の宮古島でむかえたと言っていた。晟雄よりは六つ年下であった。「深沢さん、村長にでもなって、村のためにどんどんおやんなさい」とそのとき佐々木は言った。晟雄が教育長になったばかりの頃だった。

「なんでしょう、専務さんじきじきに」

「いや、実はその、一役買っていただきたいのす」

佐々木は、とつとつながら熱っぽくナメコ栽培の話をはじめた。

沢内村は天然ナメコの産地であるが、東北では山形県が最大の産地で、本村の天然ナメコは、売りに出るとき山形産になる。ナメコの需要は高まるばかりで、人工栽培が盛んになってきたが、本村でも農家の現金副収入源として奨励してきた。栽培農家はふえてきており、生産高もあがっている。けれども、缶詰として売りに出るときは依然として山形産になる。産地形成ができていないからだ。それにナメコ栽培は、各農家毎に微妙に条件が違うようなので丁寧な指導が必要である。また気温のあがる七、八月頃の手入れが大切であり、技術指導の上でもう一歩の向上が望まれる。将来性は絶対に有望なので、農協としても奨励はしてきたのだが、下からもりあがる力に欠けているし、産地形成、販路拡大のためにも農民自身の結束が必要である。

「それでですがね。各地区毎に栽培農家の生産組合をつくって、それを全村的に束ねて、岩手県のナメコ協会の沢内支部を結成したらどうかと。それでまあ、お願いにあがったわけでがす」

佐々木は身を乗りだすようにしてそう言った。

「それはいい。それはいいことです。なにしろ山の村だし、米だけの収入では大変だ。国有林の中に村があるようなものなんだから、これは大いに奨励してやるべきですよ。村の貧しさをなんとかしなければ。定時制分校に缶詰の設備があるようだけれども、あれなどももっと拡張して、沢内産のレッテルを貼るようにしなくちゃ」

晟雄も思わず身を乗りだしていた。

「はい、そうなんでがすよ。それに、国有林といえば、ブナの伐採の跡さ、その株コを利用して伐《ばっ》根《こん》栽培という方法もあるんでがす。これなどは天然のものと変わらないのす。そのためには営林署などへも強力に働きかけないといけません。ここはなんとしても強力な組織が必要です」

「いや、わかりました。まったく佐々木さんが言うとおりだ。それで、教育長としてはどういうことで力になればいいんですか」

「はい、そのことなんですが、年内に結成をめざすナメコ協会の支部長になっていただきたいのでがす」

「え、わたしがですか」

晟雄はびっくりした。百姓仕事も不馴れで、ナメコ栽培も手がけていない自分を、なぜ佐々木は推そうとするのか。民謡も歌えない歌の苦手の自分が民謡保存会の会長になった例はあるが、それは文化運動として理解がつく。しかしナメコ栽培とは。

「佐々木さん、どうしてわたしがいいと思うんですかね」

何か考えがあってのことだろうと思って、晟雄はたずねてみた。

「いや、この役は深沢さんでないとつとまらないと思って。なにしろ大仕掛けのことでがすから……」

佐々木はそう前置きしてから、晟雄を見込んだ理由を語りだした。

「貝沢と若畑の小学校の合併問題で、就任したばかりの教育長さんが、地元の猛反対にあって、たいした難儀をされたでしょう。役場の二階で、反対派の人たちに囲まれて、あわや袋だたきにされそうになったことがありましたべ」

「ああ、そんなことがありましたね。でも、袋だたき寸前というほどでもないよ。なにしろはじめての合併問題だし、反対が強かったからねえ」

「いやいや、わたしは人から聞いたのでがすが、普通の人間なら耐えられそうもないところを耐えてなさったそうで。わたしは、そういう方でないとこれはつとまらないと思ってお願いにあがったわけです」

晟雄は苦笑していた。妙なところを見込まれたものだと思った。だが、佐々木の意図もわかるのだった。派閥争いの激しい村で、何か新しく事をおこそうとすると、道理では考えられない問題が起きるのだ。村びとのためによかれと思ってすることでも、それはありうる。派閥争いというものは、どこかヤクザの縄張り争いに似ているところがあるからだ。

「どうかお願いします。わたしは、村でいちばん貧しい家に育ったもんで、なんとか沢内村の貧乏をなくしたいと、人一倍思うんでがす。ナメコがうまくいけば、必ず喜んでもらえます。いろいろ厄介なこともありますが、どうか力を貸して下さい」

晟雄は、佐々木の熱意に打たれた。

「わかりました。やりましょう」

貧しさの克服に少しでも役立つのならば、と晟雄は思った。

「大いにやりましょう」

晟雄はつけ加えて言った。律義な感じの佐々木は深々と頭を下げた。

二人の間で、さっそく組織化のすすめ方について話しあいがはじまった。そして、実行へと移った。教育長がナメコ栽培を訴えて歩きはじめた、という噂がぱっとひろがった。佐々木と一緒にてくてくと歩く晟雄の姿が、村のあちこちで見受けられるようになった。

十月、東北地方のナメコ栽培の権威を呼んで講習会が開かれた。「広報さわうち」はそれを大きく報じた。十二月はじめには、栽培農家各戸を廻っての植菌の指導も行なわれた。そして十二月十二日、岩手ナメコ協会沢内支部の結成大会が開かれ、晟雄は会長に推された。佐々木の思い描いていたように事は運びはじめたのであった。伐根栽培のための営林署への働きかけ、菌のあっせん、その代金の融資、加工設備と販路確保、協会の仕事は多くなったが、晟雄は佐々木をはげましながら奮闘した。

やがて二年後、沢内村のナメコ生産は飛躍的に伸びて、県下でも有数の生産地となった。その生産額は約千八百万円、村の当初予算額約二千万円にも肩を並べるほどの収入をあげるようになったのである。加工や出荷になお問題は残っていたが、ナメコ協会の会員数四百二十名という数字は、村の全世帯の三分の一に達する普及度を示すものであり、貧しさにあえぐ農家に対し大きな貢献となったのである。

晟雄はこの取りくみを通じて、佐々木の人間性や粘り強さにひそかに注目した。佐々木もまた、晟雄の指導性や情熱に改めて目をみはった。だが、二人がやがて村長と助役というコンビを組むようになろうとは、本人たちはもちろんのこと村びとの誰一人として予想する者はなかった。

晟雄はいつのまにか、ナメコ教育長という渾名がつけられていた。酒席などで、「おい、ナメコ教育長」などと呼ばれるようになって、晟雄自身も気づいていた。

「申しわけないことで……」

と佐々木は言ったが、晟雄はかえって嬉しく感じていた。ようやく自分は村びとの一人になりつつある、という思いがしみじみとあった。

自由になりつつある、という実感も晟雄の内部にあった。村の外へ自由を求めて出ていった自分だった。しかし、自由にはなれなかった。村の外につかめなかった自由が、いま内にあって体で感ずることができる。ようやく自分は村へたどりついた。感慨は深かった。

第四章　ブルドーザー村長

村役場の一隅にある教育長室に出入りするようになって、晟雄は一人の職員と親しくなった。それは、高橋清吉という国保の主任であった。

教育長室と隣りあわせの国保係の席に、なんとなく肩身せまそうに座っている清吉を見たとき、晟雄は一度会ったことがあるように思った。清吉は、晟雄に対し礼儀正しく挨拶をする男だった。時には、ぶすっとした表情をゆるめて親しみのこもった笑顔を見せた。

晟雄は思いだした。かつて斉藤龍雄がいた頃、玄関先で大声でどなられて、平身低頭して逃げ帰った男が清吉だった。

「役場の者からこんなもの貰うわけにはいかん」

龍雄はそんなことを大声で言っていた。温厚な龍雄にしては珍しいと思って、あとで訳を聞くと、お礼に米を持ってきたのだという。赤痢の疑いのある患者が出て、衛生主任の清吉から頼まれ、龍雄がその患者をひそかに黒沢尻へ連れていき入院させたことへの「お礼」である。

「ちょっととっつきの悪い人だけど、思いやりのあるいい人ですよ」

とアヤは言った。当時法定伝染病の患者がでると、本人の隔離は当然だが、その家族ぐるみ家屋を消毒し、外出はもちろん親族の往来もしばらくは禁止される。食糧難、生活難にあえいでいる貧乏人にとっては、それは家族全滅の宣告にひとしかった。その窮状を見かねて、清吉が龍雄にこっそり頼みこんだのである。

「米なんか貰えば汚職になりますからな」

と龍雄は笑った。

晟雄はそんなことを思いだしたのだった。清吉が相当の呑兵衛であることも耳に入った。ある日、退庁時に廊下ですれちがい、

「今日は凍《し》ばれますな」

と清吉が珍しく声をかけてきたとき、晟雄は彼を教育長室へ誘った。清吉はこちこちに固くなって、何事で呼ばれたのかと緊張した面持で晟雄と向かいあった。

「一杯やって帰んなさい。貰いものの酒がある」

晟雄はものかげから、どぶろくの入った一升びんを取りだした。清吉の頰が一瞬ゆるんだ。が、彼はまたこわばった表情に戻った。いったいなぜ教育長は俺に、といったような顔をしている。

二人は湯呑みでどぶろくを飲みながら、はじめてゆっくりとした会話をかわした。清吉は、特に用向きがあって呼びとめられたのではないことを知ってほっとした。すると、自分のような者に教育長が親しく声をかけてくれたことが嬉しく感じられた。

「国保の仕事は大変だろうねえ」

と晟雄は言った。晟雄が佐世保から帰った年の前年、国保直営の沢内病院が新築落成していた。そして二十九年（一九五四年）の四月一日から開院した。ところが、初代院長は二カ月で辞任してし

まい、その後は、盛岡にある私立の岩手医科大学から医師を送ってもらうことになったのだが、いずれも短期間で交代になる始末で、村民の不信を買っていた。それとともに、年々あがる保険税と、その滞納の問題で、国保事業は崩壊寸前の状態にあった。

「昭和二十四年から、国保は村の公営になったんですが、昭和十七年に信用組合が国保事業をはじめて以来の滞納者が、加入戸数の三分の一にも達しているんですよ。わたしにとっては、これが一番頭の痛いことでがして……」

「はじめっから納めていないのかね」

「はい、ただの一銭も納めていないがす。医者にかかったこともねえし、病気しねば損だからと言って、なんぼ足を運んでも納めてくれません。とにかく、ちゃんと納めているのは全体の三分の一ぐらいですよ」

「それはひどいねえ」

晟雄は思わず唸ってしまった。

「申しわけのないことで……」

「いや、清吉さんが悪いんじゃない。趣旨の徹底が弱いのだね。それと、貧しさの問題がある」

「……差し押さえはしたくねえしね」

辛そうな顔になる清吉を見て、彼は貧しい村びとの側に立っている人間だと晟雄は思った。

こんなことがきっかけとなって、晟雄と清吉はたまにではあったが話をかわすようになった。清吉の体験に根ざした話をとおして、晟雄はあらためて沢内村の貧しさを知った。

一方、清吉にとっては、深沢教育長が折にふれて仕事のことを聞いてくれることがひどく嬉しかった。村民からも医者からもうとまれる国保は、いわば厄介者扱いだったのである。これは沢内村に限ったことではなく、他の貧しい町村でも同様だった。県でさえ国保のことは国保連（国民健康保険団体連合会）まかせといった風潮があった。そうだから、畑ちがいの教育長からではあっても、仕事のことについてたずねられると嬉しかった。ひがみっぽくなっていた清吉だったが、深沢教育長に対しては少しずつ心をひらいていった。やがて二人は深く結びつくのだが、この時期は晟雄にとっては勉強としての、清吉にとっては救いとしての二人の関係であった。

昭和三十一年（一九五六年）、晟雄が教育長に就任して二年目の年、国会は新教育委員会法案をめぐって大混乱におちいった。鳩山内閣のときである。新法案は、これまで公選制であったものを首長の任命制にし、教育財政の予算原案の送付権も首長に一元化し、文部大臣の権限も強化するといった内容になっており、教育の国家統制を強めるものと大きな反対の世論がおこった。

四月二十日早暁、衆院議長の職権による「暁の国会」で強行可決された同法案は、六月二日、参院でも委員会の中間報告のみで強行可決された。このときも議会は大混乱をきたし、議長の要請で本会議場に五百人の警官が出動するという異常な事態となった。晟雄はこれに対して強い批判を持ったが、どうしようもなかった。民主主義の先ゆきに強い不安を抱かざるをえなかった。

新しい法では、議会の承認を得て村長によって任命される教育委員が、教育長を選出することになった。新法は十月から施行されることになっていた。

何かとあわただしい日々を送らざるをえなくなった晟雄に、思わぬ転機が訪れる。八月、内記助役が任期満了をもって辞任した。後任助役の選出が村政の焦点となった。議員や関係者の間に、いくつかの渦がおこった。その渦のぶつかりあう所へ、晟雄は巻きこまれていったのである。

「是非とも助役に就任していただきたい」

何人かの議員が晟雄のところへ足繁く通いはじめた。かつて、青年たちから村長選への出馬を要請されたことがあった。そのときとは晟雄の条件も大きく変わっていた。村びとのため、自分に出来ることをしたいという晟雄の考えからすれば、受けて受けられないものではなかった。しかし晟雄は迷った。熱心な要請に対し、はっきりとした態度をとらなかった。

晟雄がなぜ迷ったのか、それは誰にもわからない。妻のミキにも言っていない。だが、次のように想像することは十分に可能であろう。一つには、教育の仕事をとおして、沢内村の新生をめざすほうが自分には適任なのではないか、という思いである。教育長になってまだ二年である。法改正によってこの先どうなるかは不明としても、まだまだやるべきことはある。何もここで助役などという女房役を引き受けることもあるまい。教育長のほうが、かえって愚かな派閥抗争に巻きこまれずに仕事ができるのではないか。その条件は築いてきている。

そして二つ目には、現村長の任期が来春までであるという事情へのひっかかりである。この村長のためならばという、自分をかりたてる必然性はない。来春、村長が交代することは十分にありうる。助役になったとしても、派閥抗争にふりまわされ短命で終ってしまうのではないか。ここで思い切るほどのことでもないのではないか。

しかし、こうしたためらいが強くある一方に、沢内村の現実をこのままにはしておけないという思いもまた強くあった。冬になれば交通も途絶する豪雪の下で、人びとはじっと耐えている。だが考えてみると、これは冬に限ったことではない。人間らしい生活を圧迫している貧困、そこに生ずる病気、無気力、にもかかわらず村の政治は弱体だ。人びとは絶えず暗い雲の重圧下にいるようなものだ。それに昨年（昭和三十年）村を襲った三百六十五ミリにも達した豪雨による大災害、この復旧の仕事も眼前に立ちはだかっている。晟雄には黙って見てはおれない村の現実があった。じっとしていられない思いとためらいと、おそらく晟雄はこの狭間で迷っていたのにちがいない。

晟雄の卓抜した組織力、実行力を見込んで助役へと考える人びとは、熱心な工作をつづけた。その人たちの胸中には、将来は村長へという思いも宿されていたようだ。迷っている晟雄は、しだいに押し出されていった。

「おい、今夜あたりも来そうだぞ。ちょっと出かけるか」

晟雄は夕食後、ミキを誘って家を出た。それは九月十五日の八幡神社の祭りの夜のことであった。自宅から少し南へ行った所に八幡様はあった。富太の店の前に鳥居がある。その夜だけはあかりがついて露店も出、境内は明るくにぎやかだった。晟雄は、わざとゆっくり歩き、お神楽なども見て時間をつぶした。こんなことで二人一緒に散歩するなんて、とミキはおかしかった。多忙な晟雄とこういう時間をもつことなど殆どなかったから、ミキには印象的だった。村びとたちも、珍しい二人づれに笑顔を送った。

富太の家にも顔を出したりして、かなり時間を稼いで二人が帰宅してみると、来客がてこでも動かずというふうに待っていた。つかの間の祭りの宵に見せた村びとの笑顔が、晟雄の目に焼きついていた。あのような笑顔がいつも村びとのものとしてあったなら、そういう明るい村であってくれたなら、と晟雄は思わずにはいられなかった。

晟雄の決断は、この祭りの夜以後に固まった。九月二十八日に開かれた村議会で、晟雄の助役就任は全員一致で可決されている。このときの議会で、新教育委員五名の人事も同意を得られた。その中には太田祖電が入っていた。十月一日に開催された第一回委員会で、太田祖電が教育長に選出された。この背景には、晟雄の政治力が早くも働いていた。

晟雄が助役になった直後の十月六日、沢内村役場の職員組合が結成された。早くからその必要を説いてきた晟雄であったから、この組合結成を大いに喜んだ。そうした晟雄の態度に職員たちは好感を抱き、仕事への張り合いを持った。なかでも張り切ったのは高橋清吉であった。

晟雄が助役に就任したことを、清吉はとても嬉しく思った。その清吉へ晟雄は声をかけた。

「清吉さんからこれまでいろいろ聞いてきたけれど、わたしはまだ国保のことをよく呑みこんでいないので、これからもよく教えて下さい。医者があのようにくるくる変わるんでは、病院の信用も悪くなるばかりだし、ほんとに大変だと思う。これからはなんでもどしどし相談をもちかけて下さい。思いきってやってかまわないからね」

清吉は感激した。体の芯を熱い血がずんと流れたように感じた。清吉は昭和十七年（一九四二年）末に役場に入って以来、村長や助役などからこんなふうに声をかけられたことは一度もなかった。

「職員になって、これほど感動したことはなかった」と清吉は言っている。

大いに張り切った清吉は、実行したいことを次々に晟雄のところへ持ちこみはじめた。保険税の滞納の整理、保健婦の採用、保健連絡員制度の確立、講演会などの啓蒙活動などなど、熱心にその実現を訴えはじめた。晟雄は清吉の話を、ひとつひとつ丁寧に聞いた。晟雄は、ひっそりと役場の片隅に生きてきた清吉の中に、思わぬ企画力が潜んでいたことに注目した。国保事業や保健活動への情熱に胸を打たれた。

晟雄は、清吉の希望をすべて実現してやりたかった。また、自らも政策を確立して実行していきたかった。しかし助役に就任したばかりでもあり、人格者ではあるが確固とした指導理念や政策実行能力に乏しい村長のもとで、思うようなことはにわかにできなかったのである。現在の村政への晟雄の内なる批判は、当然自己へも向かってこざるをえなかった。難問の山積する村政を抜本的に刷新し、全村民的なエネルギーを創りだし結集していくために、どうすべきか。晟雄は多忙をきわめる日々のなかで、その方策を自己に問いつめていった。

折柄この年はひどい冷害で、村内の農家は前年の大水害につづいて大きな打撃を受けていた。来年の再生産への力さえ奪われた農家が続出していた。県や国への働きかけとともに、農協とも力を合わせて救農の政策を打たなければならなかった。そういうなかでナメコの増産は明るい話題となった。当初十二トンと予想されていた収穫量が二十トンにも達する見込みとなり、定時制分校に設置された缶詰工場は天手古舞いの忙しさだった。きのこの根切りのために多くの人手を要し、この日稼ぎ労働も主婦たちに思わぬ収入をもたらした。

新助役への期待は、風当りの強まりもともないながら高まっていった。村議会の傍聴者がぐんとふえたことにもそれはうかがえる。しかし、助役はあくまで助役であり、晟雄の独自性を発揮する余地はあまりなかった。

「清吉さん、わたしは村長という大問屋ではないからねえ、まあ小売屋といったところだからねえ、一度に注文されても困るんだなあ」

清吉がどんどん問題を提起してくるのに対し、晟雄が苦笑いしてそう言ったことがある。それでも、僅かな任期（晟雄は翌年四月までの七カ月しか在任していない）の中で、村長を動かしながらよく仕事をした。

まず、役場職員の配置がえである。適材適所の観点で大幅な人事異動を行ない、住民へのサービスの強化を訴えた。村税の二重請求などというミスが発生し、村民や議会からきびしい叱責を受けるというようなことが起きていたから、職員のモラルを高める必要もあった。その一方、晟雄は職員の賃金引上げに前向きに取り組んだ。人事院基準の六五パーセントへ格付するという是正で、低賃金の解決にはほど遠かったが、それでも一一パーセントの引上げをはかったのである。農民が冷害に苦しんでいるとき、ことなかれ主義ではこれはできなかったであろう。

冷害対策としては、村として四百万円の借入れを行なって、肥料購入など新年度の再生産を助ける、という思い切った提案を議会にはかり、承認をとった。また、議会のたびに指摘されていた保険税をふくむ村税の滞納整理のために、村長、助役を先頭に全職員が各地区をまわって訴える「村税徴集強調週間」を行ない、三百万円の滞納のうち百万円を整理した。清吉は、国保まかせであった保険税滞納督促に、晟雄が全職員の出動を求めたことにすっかり感激してしまった。しかも、村長以下の三役が先頭に立って歩いたのだ。さらに、村内を二十三地区にわけて保健連絡員制度を確立してくれたこと、待望の保健婦を二名採用してくれたこと、毎月の国保運営委員会には必ず出席して熱心に討議に参加してくれたことなどをとおして、清吉は深沢助役に深い信頼を持った。感謝の思いで一杯だった。かつてない人が村政の中心に登場したものだ。自分はこの人のためにならどんなことでもする、と清吉は思うのだった。

年があけて昭和三十二年（一九五七年）の三月、まだまだ雪深いなかで、冬季保健活動が実施された。岩手医大の学生十名を受け入れて、十日間にわたって全村で血圧測定、検便、一般検診を行ない、夜は健康相談の座談会を開いた。かなりの村びとが集まり、はじめての試みとしては成功だった。清吉は会場設営や人集め、宿舎確保などのために奔走したが、雪の中で汗だくになりながらも嬉しくてならなかった。これも深沢助役の強力なバックアップがあったからだ。「いいことはどんどんやれ」深沢助役のあの声を聞くだけで、清吉の心も体もぽかぽかと暖かくなるのだった。

三月議会で昭和三十二年度予算が成立すると、にわかに村長選への動きが活発となった。現村長に強い批判をもち、対立候補の擁立を考える一つの渦、それにどう対応するかという現村長の側の渦、さらに深沢助役でなければ難問解決は不可能として擁立をはかろうとする新しい渦、この三つの渦がしだいに顕在化してぶつかりあいはじめたのである。晟雄を助役にかつぎだした人びとの輪は、去年の夏より大きくなっていた。晟雄は再び決断を迫られることになった。

このときの晟雄の決断は早かった。助役就任前のような迷いはなかった。こうなったら突き進むのみ、という思いがあった。暗い村の現実を黙って見過すことはできなかった。たとえ選挙で負けてもいい。新生沢内をめざす第一の関門に自分は挑戦すべきである、と決意した。

四月二十一日、村長選は告示された。遠い山はまだ真白であり、田や畑にも雪は残っていた。吹き溜まりの場所などには二メートルもの雪があった。一般に車など普及していない頃であり、たとえ車があっても、村を貫く沢内街道をそれれば使いものにならない。選挙遊説はもっぱら徒歩によったのである。

そのため、拡声装置などは人が背負わなければならなかった。マイク、スピーカー、アンプ、バッテリーを運動員がかついだり抱えたりして、候補者と共にてくてくと歩く。雪があるからリヤカーも使えないのだった。これがまったくの真冬であったら、橇《そり》を使うことも可能であったろう。

告示の朝、届出を済ませたのは深沢晟雄ただ一人だった。現村長は立候補を断念していた。もう一人、去就がはっきりしないが、晟雄の対立候補になると目されていた人物がいた。

「彼も断念したのだべ」

「こりゃ無競争当選の公算が強いな」

支援者や運動員は囁いた。

「さて、出発しましょう。無競争ときまったわけではなし、政策を村民に訴えなければ」

晟雄は運動員をうながして先頭に立った。十五人ほどの一団の中に、照井富太もいた。十年前の村長選に、晟雄を擁立しようとした頃のことがなつかしく思われた。十年目の春がめぐってきた、と富太は思わずにいられなかった。

第一声は、対立候補と目された有力者の屋敷の前でであった。感慨深く晟雄の演説を聞いていた富太は、しだいに驚き、かつあわてた。そんなことを言っていいのか、と心配になった。とても出来そうには思えないことを晟雄が言いだしたからだ。

晟雄ははじめ、「豊かで健康で明るい村づくり」のスローガンを明示し、そのためには、派閥の解消、村の総力を結集する態勢づくり、村当局、議会が村民の信頼を得るような倫理性を確立する必要があると訴えていたのだが、そのうちに「国有林の解放」「冬季交通の確保」などと言いだしたのである。

この沢内村で冬季交通を確保するなどということは到底不可能である。毎年三メートルから四メートルもの積雪があるのだ。馬橇でさえ動けなくなる時がしょっちゅうある。無競争当選になりそうだからといって、あまり「ホラ」は吹かないほうがいいのではないか。富太ははらはらしていた。

だが、晟雄はおかまいなしに同じような演説をして歩いた。幹線の道路は雪がぐちゃぐちゃに溶け、馬糞といりまじって歩きにくかった。長靴だけでなく、ズボンや外套にもハネがあがった。

村の北はずれに近い集落へ来たとき、一軒の農家で屋根の葺きかえをしていた。萱葺き屋根の葺きかえには、地区じゅうが力をあわせ助けあう。いわゆる「結い」であり、萱無尽と称する互助制度もあったから、そこには百五十人ほどの村びとたちが集まっていた。願ってもない演説場所であった。

「よし、あそこでやろう」

晟雄は先頭切って近づいていった。

「ややあ、おめでとうございます。ご苦労さんですなあ」

声をかける晟雄に、その家の人や手伝いの村びとたちがにこにこと挨拶を返す。富太たちは早速に演説の準備をした。

「あのう、申しわけないがねえ、これ、これ、ありませんかねえ。すっかり喉がかわいてしまって……」

晟雄が家人に近づいてそう言った。これ、と言うとき、左利き独特の手つきをして見せた。

「ほれ、持ってきてあげろ」

主人に言われて、奥さんがお盆にどぶろくをなみなみとついだコップを乗せてきた。

「いやあ、これはかたじけない」

晟雄は相好をくずしてコップに手をのばした。教育長時代の行脚で、晟雄の酒好きは知られていた。「これ」で十分に通じるのだ。晟雄はひと息にコップを飲み干した。

「ああ、おいしかった。いやあ、ごちそうさまでした。おかげさまでした」

晟雄はなんども頭をさげて礼を言い、それからマイクを握った。

「みなさん、ご苦労さんです。こうしてみんなで集まって、力を合わせて屋普請《やぶしん》をなさる。みなさん方の地区の結束はすばらしい。村全体がこういう姿になれば、わたしらは十分に何事かをやってのけることができる。悪条件にある沢内村を住みよい村にするためには、それしかないと言ってもいいのです」

「これ」の力で元気のついた晟雄は、熱っぽく話しはじめていった。

こうした遊説は、立候補届出の締切日までつづいた。そして二十四日、投票日を待たずして晟雄の無競争当選が確定した。晟雄の人気は高く、それに拮抗しうる対立候補者はなかったのである。五月十日、深沢晟雄は第十八代の沢内村村長に就任した。満五十一歳の時であった。

晟雄が村長になって、関係各方面への挨拶や、助役選任などで多忙をきわめているさなか、五月十六日から臨時村議会が開かれることになった。晟雄は、具体的な政策については次の議会に発表するつもりでいたし、沢内新生の根本策については、村民の意見を十分に掘りおこしながら、自分の考えを村全体のコンセンサスとしていきたいと考えていた。慎重であったと見る向きもあるが、そこには晟雄の深慮があったのである。

晟雄は、助役を誰にするか、立候補を決意したときから考えてきたが、当選が確定するとすぐ、農協の組合長久保義雄を訪ね、佐々木吉男専務の割愛を願った。久保は、戦後公選第一回の村長を一期つとめた人である。この時は、県農業会議会長、県信連会長などの要職にあった。そのため沢内村農協の経営のかなりの部分を佐々木にゆだねていた。その佐々木を抜かれることは、久保にとって困ったことであったが、彼は晟雄の申入れを承知した。

佐々木は、久保から話を聞いてびっくりした。ナメコのことで大きな力を借りた人だが、自分はとてもその任ではない、せっかくの話だがお受け致しかねる、と辞退した。

返事を聞いた晟雄は、重ねて久保に頼みこんだ。そして佐々木にも直接要請した。

「わたしは、高等科しか出ておりません。農協のほうは、久保さんの指導でなんとかやってきましたですが、とても助役などつとまりません。農協の立場から協力申しあげますから、どうか別な方に……」

佐々木はひたすら辞退した。

「学歴がなんですか。わたしはあんたの力がほしいのです」

晟雄は佐々木を口説いた。ナメコ栽培の普及に取り組んだときに見た、佐々木の粘り強さと謙虚な人柄、そしてどこかユーモラスな楽天性を、晟雄は高く評価していた。自分の性格のマイナス面を、佐々木と組むことによってカバーできる。そして何よりも、貧しい家に育って苦労をした体験に根ざして、貧しい村びとの心をよく知っている。自分は、単なる能吏を必要としているのではない。村びとを組織し、村びとと共に進むオルガナイザーがほしいのだ。晟雄は、佐々木の劣等感を時にはきびしく批判しながら説得した。

「あんたは、はじめて会ったとき、村長にでもなってどんどんおやんなさいとわたしに言ったじゃないですか。わたしは村長になった。それなのに助けてくれないのですか」

「――わかりました。教えられながらやります」

佐々木はとうとう説き伏せられてしまった。明治四十四年（一九一一年）生まれの佐々木は、晟雄より六つ若かった（佐々木はこの時から二十年間、沢内村助役として活躍した）。

晟雄は、十六日の臨時村議会で、次のような趣旨の所信表明を行なった。

「村民の皆さんのご協力を得て、このたび村長に就任致しました。はたしてこの重責を担いうるかどうか、村民の皆さんの絶大なご協力をいただきながら、最大の努力をして参りたいと存じます。

本日は施政方針を述べなければならないところでしょうが、就任早々で財政的な検討もできておりませんので、今日はわたしの心持ちというようなものを四点ほど述べてみたいと存じます。

まず第一点としては、一切の派閥抗争をなくすということです。そういう派閥なるものがないというのであれば幸いですが、派閥抗争によって少しでも村政が一方に片よることがあるとすれば、これはまことに遺憾なことであり、その解消のために努力致すものであります。

第二は、村内諸力の一体態勢を確立することです。役場、教育委員会、農協等々の公的機関の一体性がないことは、村政にとって非常なマイナスであります。今後は、この種機関の綜合的な協力態勢のもとに、強力な村政の推進をはかりたいと思います。

さて第三には、村政に対する村民の信頼をかちとるということです。村当局や議会にもし倫理性が欠けているとすれば村民の信頼は受けられず、円滑なる村政の運営は期待できません。わたしの懸念にすぎないとすれば幸いですが、万々の問題について、特に倫理性というものを強調し、村民の信頼を得る政治を行ないたいと存じます。

そして第四としては、以上申し述べたことの上に立って、村外各方面に対する外交折衝に総力をあげて取り組みたい。営林署関係、土木関係、県との関係、病院のことについては大学との関係等々、対外的あらゆる方面に沢内村の信用を高めて対処するように努力して参りたいと考えます」

この晟雄の所信表明は、ありきたりといえばそう言えよう。しかしこの四点は、当時の村政の現実の反映であるのだ。負から正への転換を、その基本のところで表明したものと言えるだろう。無競争当選であったればこそ、晟雄は低く姿勢を構えたのである。

彼の胸中には、助役時代において自己に問いつめてきた方法論、村の現実の根源をとらえてそれを打開する方策の原型が、すでにあったのである。しかし晟雄は、それを単純に吐きだしはしなかった。一つには、それがまだ原型であるということ、二つには、村びとの要求や意見との合致をかちとるということ、そのためにであった。

そうだから、晟雄の初の所信表明に抜本的なものを期待していた人びとには、いささかもの足りない所信表明であったし、野党的立場にある議員には、攻撃の標的にしにくい当然すぎる理念の表明と映ったのである。

このときの議会で、北島暲男議員は次のような発言をしている。かつて晟雄の教えを受けた北島は、新村長に対し野党的立場に立っていた。

「派閥の解消、これはまことに結構なことである。しかし、ミイラとりがミイラにならぬよう、最後まで初心を忘れずにやってもらいたい。各種機関の協力、これももっともなことだが、村長と組合長、村長と教育長というような上部だけの結びつきにならないようにすべきである。信頼されない政治はどこかに欠点があるからだ。十分な努力を払われるよう希望する。第四に外部との折衝のことをとりあげているが、村の発展という美名にかくれて、自分が飛躍するための外交がなされないようにしてもらいたい。一人の者が伸びるために村の財政が食われることがあってはならないと思う」

北島は次の議会でも、晟雄の施政方針に対して、

「率直に言って期待を裏切られた。私はもっと斬新的なものを期待していた。通り一遍の施政方針

であり残念なことだ」

と発言している。北島はこうしてずっと野党的立場をとり、鋭い批判や追及を続けていく。彼は若くして議員となり、この時までに議長も経験しており、議員中の雄であった。発言回数も最も多く、よく勉強もしていた。村長や助役、教育長が村政執行上の弱点をつかれて陳謝する場面も再三見られた。村長を支持する人びとからはうとましく思われていたが、しかし彼の存在は大きく、馴れあいを峻拒《しゅんきょ》する晟雄にとっては、北島の役割は大いに評価すべきものとしてあった。晟雄は、自分に対するどんな反対派であっても、力ある者のその力を村の発展のために活用するという態度を、ずっと堅持していった。そうでなければ派閥の解消もありえないと確信していたのである。とくに北島の手腕を晟雄は認めていて、やがて土地改良の事業などにその力をふるわせるのである。

期待と批判とを満身に浴びながら深沢村政はスタートした。晟雄は初の議会が終ると、佐々木助役に言った。

「農協で長年にわたって仕事をしてきて、村の経済のことはよくわかっていると思うけれど、いったいなぜ沢内村はこんなに貧しいのか、その原因は根本的に何なのか、それを具体的な裏付けを含めて調査してほしいんです。わたしは、雪の問題、健康の問題が大きいと考えているんだが、はじめから先入観を持たずにやってほしい。それから、これからずっと各地区をまわって、座談会をやりたい。村民のなまの声を吸いあげ、組織して、一つの目標に向かって大きな合意を形成していきたいと思っているんです」

佐々木助役は深くうなずいた。

「わかりました。よがす、早速はじめます」

再び晟雄と佐々木の村内行脚がはじまった。各地区の公民館や学校の教室で、村びとと膝をつきあわせての懇談が、こつこつと積みあげられていった。ナメコのことで実績があったし、気心も知れていたから、座談会では率直な話しあいが持たれ、終ったあとには酒が出て、その席がまた本音の出されてくる場となった。帰りは自転車であった。深夜の村道をふらふらと自転車をこぐ二人の姿が、しばしば見受けられるようになった。

「今に必ず実を結ぶよ。われわれは今、草の根からの自治の力をつくりだしていってるんだ。だんだん問題の所在も見えてきたじゃないか。ねえ、助役さん」

「ほんに、そうですなあ」

疲れてはいても、壮大な事業を起こしつつあるという喜びに似た実感があった。この座談会には、収入役や教育長も、そして清吉のような職員たちも参加していった。


晟雄が村長に就任して間もなくの六月初旬、助役時代に話のまとまっていた杜史子の婚礼が行なわれた。一人娘であり、養子縁組による結婚であった。相手は同じ郡内の和賀町出身で、教師をしている武田貞夫という青年であった。晟雄が教育長時代の知己の世話によるものだった。

「うかうかしていると、じいさんばあさんになってしまうのだねえ」

晟雄は嬉しそうだった。

「おじいさんに見せてあげたかったですね」

「ほんとになあ」

　ミキに言われて、晟雄はしんみりとしていた。杜史子が生まれた頃のことや、それにつづく不幸のことが思いだされた。ミキにしてみれば、自分が母親としてどれほどのことをしてやれたかと、心深くに杜史子への済まなさを感じていたが、とうとうここまで来たかという思いもまた強かった。

　婚礼の日、佐々木助役らも招かれていた。美しい花嫁姿になった杜史子が、晟雄の前に現われた。

「うーん、きれいだなあ」

　と晟雄は思わずわが子に見とれた。

「お父さん、いろいろとありがとうございました」

　挨拶をする杜史子に、晟雄は黙って幾度もうなずいていた。佐々木は、晟雄の目がうるんでいるのを見た。


　この年の秋、村の戦歿者追悼式で、晟雄は次のような挨拶をした。

「本日、当村戦歿者の合同追悼式にあたり、不肖その席を得まして、親しく各位の精霊に追慕、哀惜の誠を捧げますことは、私の光栄とするところであります。

　遠く西南の役以来、尊い犠牲者は百八十一柱を数えるのでありますが、そのご子孫とご遺族の、痛恨やるせないまなざしの中にこの辞を捧げますことは、万感胸を裂くの思いが致すのであります。

　かえりみますれば、各位はみなその時代は異なるとは申せ、いわゆる錦の御旗を守って骨を砕き、祖国と子孫の悠久を信じて天皇陛下万歳を絶叫して肉弾と散った戦士のみであります。そして、日本の軍閥の犠牲者となったのも各位であります。

このことに思いをはせながら、私たちはいま、平和を念願する民主国家の一員として、無量の感慨をもっていわゆる英霊の御前にひざまずいているのであります。そして私たちは、はげしく戦争を呪うのであります。人を殺して得られる幸福など断じてありえないことを、こんどこそ私たちは知っているからであります。だから私たちは、若い未亡人が生活ゆえに転落の不倫を犯したと致しましても、戦争を憎むかわりにどうして彼女を憎みえましょう。一人息子を失った老人が、一飯の食物を盗んだところで、不徳な敗戦成金をつくった戦争をこそ呪うべきであります。最大の人間苦をもたらす最大のものが戦争であることを、かくして私たちは知りえたのであります。

さればこそ各位の犠牲の尊さに、私たちは敬虔《けいけん》の心と感謝の祈りを捧げているのであって、けっして天皇陛下万歳の尊さに泣くのではありません。けっして植民地獲得の尊さに頭をたれているのではありません。八十年の長い年月、しかもいれかわりたちかわり数多くの生命をかけて、いかに戦争の呪うべきものであるかを、はらわたをえぐるが如くにお教え下さったその犠牲の尊さに手を合わせているのであります」

晟雄はそのあと、原水爆競争に血道をあげている世界の現実を嘆き、戦歿者の霊に永遠の平和のための庇護と導きをねがい、平和への決意を述べている。岸内閣が発足した年である。晟雄の挨拶には、反戦平和の戦後精神の風化に対する抵抗の心が秘められているように思われる。彼は翌年から慰霊祭を廃止している。

精力的な各地区座談会や、調査分析がすすむなかで、沢内村の問題点が大きく集約されて浮かびあがってきた。第一には豪雪の問題である。第二には多病・多死という健康の問題、そして第三には、県下でも最低の一人当り所得という数字が示す貧困の問題であった。健康度の重要な指標である乳児の死亡率が七〇・五（出生千人比）という高さ、全世帯の一割を越す生活保護世帯の存在、日本のチベットといわれた岩手県にあって、沢内村はその最底辺に置かれていたのである。そうだから、雪、病気、貧困とも日本一のひどさ、といって差支えないだろう。

この日本一の三悪ともいうべき悪条件をいかにして克服するか。晟雄は改めてその困難の大きさに嘆息した。この三悪は相互に深くからみあっている。沢内一村で解決できるものでもない。困難な前途を思うと目がくらむようだ。しかし、むらむらと怒りにも似た闘志もわいてくるのだった。箱橇の暗い記憶がよみがえってあった。それがさらに闘志をかきたてた。ここに人間がいるのだ。その人間の尊重こそ政治の原点でなければならない。

晟雄は、まず豪雪をはねのけて冬季交通を確保することに着手しようと決断した。

「雪の問題から突破していきましょう。これを突破できれば、村民は必ず自信をもつ」

と晟雄は言った。

「いったいどうやってやるのですか」

佐々木助役は、宿命の豪雪にどう立ちむかえるのか、まったく見当もつかなかった。

「それを考えるんだ。ブルドーザーで除雪をして、冬でもバスやトラックが通れるようにする。将来は横手から盛岡まで、真冬でも車が走れるようにする」

晟雄の目は輝いていた。佐々木はたまげていた。それはまるで革命にひとしいことだ。新村長のもとで壮大な事業に立ちむかっているという思いはあったが、ブルで除雪と聞くと無謀な企てそのもののように思われてならない。自然の猛威に対しても、貧困な村の財政の上においても。ブルドーザーは一台で五百万円はくだらないはずだ。村の予算規模が四千万円ほどなのに、どうやってその財源をひねりだせるか。冬季、村に入る物資は四千万円、出る物資は三千万円、雪による輸送難でその一割が掛かり増しになるとみて七百万円、ブル一台以上の損失が発生している。調査ではそうなっていても、だからといって財源が生まれてくるわけではない。

「ブルドーザーは、さしあたり借りてもいいじゃないですか。まず村民が力を合わせて、自力でやることに巨大な意義がある。宿命としてあきらめていたこの雪を克服できたら、どんなことにも挑戦できる。そういう自信が村民の中に生まれる。国や県がやってくれるのを待つ、というんでは沢内は変わりません」

当時、「積雪寒冷地帯における冬季交通確保に関する臨時措置法」なる法律ができた。とりあえずは一級国道がその対象となったが、追いおい県でもブルドーザーを購入して、県道にまで手をのばすということが期待されていた。それを待ったほうがいいのではないか、という意見も検討の段階で出てきた。それに対して晟雄は言ったのである。そして、

「そのためには、期成同盟のような民間組織をつくって、みんなで金を出しあって自力でやる方法がいいと思う。とにかく、官僚のやる仕事を当てにしていてはだめだ。われわれが主体的にやるなかで、彼らに要求をぶつけて実現させていかなければだめです」

晟雄は、やると決断してからは断固たる態度になって周囲を動かしはじめた。

「ヒントはあるじゃないですか。去年、湯田村でちょっとやったでしょう。川尻《かわしり》駅から湯本の温泉場まで、横手の業者からブルを借りて」

佐々木助役は早速、借用料や性能について調査するため、秋田県の横手に飛んだ。村長のいう意義は十分にわかった。この事業に成功するならば、村は一大画期をむかえることになる。沢内村の産業革命といってもよい。深沢村長の意図を、なんとしても実現したい。佐々木はそう思うようになっていた。

「道のあるところを進むのは誰にでもできる。道のないところに道をつける、それは大変なことだが、それをしなければ沢内の僻地性は解決できない」

深沢村長の情熱的な言葉が、佐々木を強くはげましていた。

晟雄はしかし、難事業であることを覚悟していた。失敗すれば命取りになる。だが、恐れていて何ができようか。

晟雄は、教育長の太田祖電に全面的な協力を頼んだ。冬季交通確保期成同盟会の委員長になってほしい、この運動は社会教育でもあるのだから、ぜひとも教育長の力を借りたい。晟雄は、自分の考えを祖電に伝えて頼んだ。

「いいですとも。やりましょう」

祖電はきっぱりと言った。彼は晟雄の意図を深くつかんでいた。翌春彼は、沢内村の三悪克服という晟雄の目標にタイアップして、「三貧追放」という教育長方針を議会に提示している。「三貧追放とは、体の貧乏、経済の貧乏、心の貧乏を追放するということで、これにより健康で（体）、豊かで（経済）、明るい（心）村をつくりたい。このスローガンのもとに、一には、衛生観念が強く、健康で明朗な人をつくるため努力したい。二には、無智で盲目、利己的で不和、封建的で消極的、この三つの心の貧乏を追放し、知識・感情・意志の正しい持ち主をつくりたい。三には、生活の貧しさから立ちあがって開発精神に燃え、風土的制約を克服して生産を高める活動的な人をつくりたい」というもので、二人の息はぴったりと合っていた。

本格的な雪の迫りくる十二月十日、役場の会議室で、冬季交通確保期成同盟会は結成され、二十名の委員と監事が選出された。そして、太田祖電が委員長となった。組織は、作業部と資金部の二部から成り、五十三万三千円の予算が決定された。ブルドーザーは、横手の業者から進駐軍払い下げのものを一台、一冬十万円で借りることになった。第一年度の除雪は、役場のある太田地区から隣村の湯本温泉までの十二キロを行ない、バス、トラックの運行を確保する、ということになった。

総予算のうち、村が十六万円、県が十万円の負担金を出し、残りは村内からの寄付によることになったが、これにはかなりの抵抗が予想された。年内ぎりぎりまで、沿道村民、商店、業者、木炭協会役員との懇談が積み重ねられた。冬季滞貨による損失が救われるのならと、木炭一俵につき三円の寄付の協力体制もでき、沿道村民の労力提供もとりつけた。しかし、「村長は狂ったんでないのか」という悪口や、何百年と苦しんできた豪雪を解決することは不可能だと、冷笑する向きもかなりあった。

幸いこの年は雪が少なく、十二月一杯はバスも動いた。これでいくらか経費も節減できると晟雄は喜んでいたが、沢内村の雪は一、二月が本格的となる。大雪が心配であった。一晩で一メートルもどかんと降ることがたびたびある。さらに、奥羽山脈からの季節風によって吹き溜まりもできる。どこに道があったのかもわからなくなるのである。

不安であった。だが、期待もあった。雪が降って村が埋まった時こそ、効果はくっきりと目に見えるのだ。宿命としてきた豪雪の征服の瞬間こそ、新生沢内への第一歩はしるされる。晟雄は、不安と期待の入り乱れる胸をかかえながら、新しい年昭和三十三年（一九五八年）を迎えたのであった。

雪がきた。

ブルドーザーはうなりを発して動いた。除かれていく雪の下から地面が見えてくる。ゆっくりではあったが、道がついていく。家々から出てきた村びとたちが、なぜかひっそりとその道を踏む。が、その無言はたちまち歓声に変じた。

「歩くにいい」

「これだば、バスも走るにいい」

「たいしたもんだァ、村長さん」

「長生きはするもんだァ」

晟雄は、村びとたちの興奮や喜びにほっとしていた。雪の下から道が見えてくるように、新しい沢内への道がついていく、鮮烈な思いが晟雄の身を貫いて走った。晟雄は、じっくりと大地を踏みしめながら、くりかえし言った。

「みんなの力です。みんなが力を合わせたから出来たんです」

貧しい村びとたちのふところから寄付を出してもらった。労力も提供してもらっている。その甲斐があってよかった。村びとの心に、必ず自信が生まれる。新しい力が孕まれる。晟雄は、教育長や助役や関係者の労をねぎらいつつ、厳寒の雪中をブルドーザーのあとについて、足で喜びを嚙みしめながら歩いていった。

ところが、この喜びもつかのまであった。まがりなりにも十二キロの除雪は成功し、バスも太田までは運行された。そのこと自体はたしかに画期的な出来事であった。しかし、進駐軍払い下げのブルドーザーは、力も弱く故障も頻繁だった。六トン車たった一台という無理ももちろんあった。初出動の成功のあと、この弱点がたちまち露呈していった。歓喜した村びとの心が、一変して冷えた。雪はお構いなしに降る。その上、馬橇組合の荒らくれ男たちからの強烈な抗議がきた。

「ブルドーザー村長、どうしてくれるんだ」

彼らは冬の仕事を奪われる破目になるのだった。このほうは、委員長の祖電が対応してくれた。祖電和尚の説教に、檀家である荒らくれ男たちは頰をふくらませたまま黙るほかはなかった。祖電は、晟雄が自分を起用したことの読みの深さに苦笑していた。

晟雄は窮地に立った。途切れがちのバスの運行では、所期の目的を達したことにはならない。薪炭業者たちの不満もつのる。心労もあって、晟雄は風邪をひいてしまった。

佐々木助役も参っていた。反村長の動きも、この機に乗じて顕在化する気配があった。しかし、いますぐはどうにも手が打てなかった。県へ陳情に行ったある日の帰り、佐々木は最終の汽車で陸中川尻に着いた。雪がちらついていた。沢内まで雪の夜道を歩くのは無理だった。彼は途中の湯本温泉に泊ることにした。

佐々木は宿に着くと、さっそく冷えた体を湯に沈めた。そこに、一人の男が入ってきた。温泉につかりながら、なんとなく二人の間に話がはじまった。男は杉沢といった。仕事で東京から来たのだという。

「失礼だが、どんなお仕事ですか」

佐々木は気やすくなって訊ねた。

「小松製作所といいましてね、いろいろな機械、ブルドーザーとかそういうもののセールスで歩いているんですよ」

「え、ブルドーザーすか」

佐々木はびっくりした。いまそのブルドーザーで四苦八苦している。佐々木は思わず語りだしていった、いまぶつかっている問題を。一人のセールスマンに対し、村の窮状をぶちまけるのは不謹慎だとは思ったが、佐々木は話さずにはいられなかった。

「ふーむ、大変な構想ですねえ。こういう所にそういう村長さんがいらっしゃるんですか」

杉沢はひどく感動した面持ちで、しきりにうなずきながら佐々木の話を聞いていたが、

「そのブルでは無理ですよ。どうですか、うちの十トンのブルを使いませんか。すぐにでも到着させますよ」

「いやあ、金がないから苦労しているんですよ。買いたいのはやまやまですがねえ」

「とりあえずお貸ししてもいいです」

「しかし、買うという前提でのことでしょうが」

「カタログをご覧になりませんか。できる限りのことをしますよ。夏場は土地改良事業や土木工事などにも使えるんですから、その収益を見込んで購入計画を立てられたらいかがですか」

佐々木は動かされた。二人はすぐ風呂からあがった。杉沢は、販売宣伝ということで除雪に協力すると言った。幹部へ電話を入れ、価格や支払い条件を佐々木に示した。たんなる売り込みのかけひきではない誠実さを佐々木は感じ、心を動かされた。

アングルドーザーD50型(十トン)、七十六馬力ディーゼルエンジン、前進四速後退二速、抜根装置・除雪板・雪上履帯等の附属一式含み五百五十万円、支払期間二年分割。

佐々木は、カタログと示された条件を前にして、「欲しい」と痛切に思った。いまこれがあれば困難は打開できるのだ。大変な誘惑にのめりこんでいる、という思いもちらっと頭をかすめたが、むらむらと湧きおこってくる欲望が、佐々木をじっとさせておかなかった。

「村長に相談してみます」

佐々木は立ちあがって着がえをはじめた。

「いまから行くんですか」

「行きます」

「この雪道を、歩いてですか」

「そうです」

沢内の未来がかかっている、と佐々木は思った。とにかく一刻も早く村長に相談するのだ。

幸い静かな雪夜だった。雪のちらつく十二キロの道を、懐中電燈をたよりに歩いて村長宅に着いたときは、まったくの深夜であった。風邪をひいて寝ていた村長を起こして、佐々木は一部始終を報告した。すべては村長の決断にかかっている、と佐々木は思った。彼は、歩きながら考えてきた財源計画も語った。それは、計画とまではいかない「ヘソ算盤」なのであったが、開田や開畑、牧野改良などにフルに活用していくならば、なんとか支払財源を捻出できるし、農業振興にもつながる。

ドテラを着て、こたつに向かいあって佐々木の話を聞いていた晟雄は、佐々木の話が終ったとき、

「よし、やろう」

と即座に言った。余りにも早い決断に、佐々木は驚いた。

「だいじょうぶですか」

自分から言いだした話ながら、佐々木は不安になってそう言った。晟雄は、これまでに見たことのない真剣な表情になっていた。

「もちろんこれは冒険です。しかし、いまはこれ以外に方法はない。助役さんの計画でほんとうにやれるかどうか、これから検討しよう」

二人はその夜、徹夜をして計画を練り、翌朝太田祖電と三人で意志を固めた。計画通りいけば一石二鳥となって沢内の貧しさを克服できる。しかし、失敗すれば命取りとなることは明白だった。

「ブルドーザーは買います。ただし、支払いは三年。特別会計をつくってやるので、それまでは借

りるということでどうでしょうか」
杉沢と会って、晟雄はそう言った。

こうして、新鋭ブルドーザーが到着した。新しいブルはたちまち威力を発揮した。晟雄の意図は実現しはじめた。

宿命の豪雪に打ち克つ第一歩を、沢内村は踏んだ。やればできる、ということが立証された。村びとの胸に、ぽっかりと自信の灯がともった。

晟雄は、「ブルドーザー村長」という渾名を嫌った。村長がやったのではない、村民の力の結集によってこれは出来たのだ。雪に泣き、雪に苦しめられてきた沢内だが、このように村民共同の力をつくりだすならば、豪雪を克服し、貧困に訣別できる。晟雄は熱っぽく説いてまわった。「ブルドーザー村長」の渾名は、いつしか消えていった。

第五章　苦　闘

晟雄は、村長に就任した翌月、沢内村保健委員会を発足させている。

これは、助役時代から構想していたもので、村長になるとすぐ、太田教育長や佐々木助役にはかり、関係各方面に働きかけて組織したのである。五月十日に就任して、六月十九日に結成しているのだから、まことにすばやい仕事ぶりといわなければならない。

保健委員会といえば、十年前の村医斉藤アヤの提言が思い出される。晟雄がそこから一定の触発を受けたであろうことは想像にかたくない。が、晟雄の構想はさらにその上に立っての、独自の理念に裏打ちされたものであった。

一言でそれを言ってしまえば、保健行政の民主化と一元化によって、村ぐるみの保健活動を展開するということである。

村長が引率するという形では、それがどんなに正しいものであっても、真の住民の運動にはならない。たとえ時間がかかっても組織的に討議して、各組織をとおして全村民のものにしていくことが重要であり、そうしなければ、人間の尊厳を尊重する保健行政は成立しない。無気力やあきらめ、迷信や陋習《ろうしゅう》を打破して、村民一人ひとりが人間の尊さを日常の生活のなかで自覚するように、自他ともにその意識を民主的に変えていかなければならない。そのためには、村の保健行政を推進するおおもとのところを民主的にすべきである、という考えが晟雄にはあったのである。

　さらに、この運動は、各セクションがばらばらであっては大きな効果をのぞめない。村の衛生活動、国保の保健活動、病院の医療活動、学校教育、社会教育等々が渾然と一体化しなければ力にならない。国や県、とくに中央の官僚の縄張り的行政が、ややもすると村の機構上にも行政上にも反映し、とかく連携を欠きがちである。これではいけない。

　こういう考え方に立って、きわめて重要な位置づけを与えられて保健委員会は発足したのである。晟雄のこの考えは、保健委員会のメンバー構成にはっきりと現われている。

沢内病院の医師二名、保健婦、養護教諭、小学校長、中学校長、社会教育委員二名、農協専務、国保運営委員、村青連会長、村婦連会長、地域婦人会長二名、生活改良普及員といったメンバーである。

　金と時間はかかっても、少なくとも二カ月に一回は保健委員会を開催してすすめていこうと確認された。また、トラコーマの撲滅《ぼくめつ》、蚊・ハエの撲滅、蛔虫の撲滅というそれぞれの目標で、三つの保健モデル地区が設定された。

　歯車が動きはじめた。

　晟雄は清吉とよく飲んだ。清吉は、ふだんは無口の部類で、話すときもぼそぼそとした口調であった。目つきは凡庸でない鋭さを見せていたが、あまりなりは構わず、不精ひげをはやしている姿は、一見してうだつのあがらぬ山村の役場吏員といった感じであった。国保の赤字や滞納をかかえて、肩身を狭くしていた清吉からは、彼の持っている人間としての力や公僕としてのすぐれた資質をうかがい知ることはできなかった。

同僚や村びとは、「清吉《せいきっつぁん》さんはよくやる」と見ていた。「愛想はねえし、とっつきの悪いやつだども、気持ちはやさしい。だどもなあ……」と村びとは口ごもる。それは、清吉が飲むと「酒《さか》つくり」になるということだった。

沢内で「酒《さか》つくり」ということは、いわば酔い癖が悪い、酔うとからむ、といった意味合いである。だが、清吉をよく知る人は、それを単なる酒癖の悪さとは見ていない。

清吉は一徹な男だった。こうだと思ったら誰がなんと言おうともやる、医者にでも上役にでもぶつかっていく。誰にも負けない。その気性が、飲んだときに強く出る。彼は世渡りは下手であり、愛想を言って人の機嫌をとるなどということはまったくできない気質であった。だが、村びとのことを思う心では誰にも負けなかった。しかし清吉は、それを言葉として表現することができなかった。そのため、せっかくの良さが消されていた。が、酒を飲むと、自分でも驚くほどものが言えるのだった。「飲めば、ほんものを言わねばおさまらねえ」タイプだったのである。

晟雄は、そんな清吉が好きだった。自分の性格と共通するところもあると思った。彼の考え方は、あくまでも村民を基本としたものであった。なぜそうなのか。晟雄は飲みながら話を重ねるうちに、清吉は悲しいのだ、と思った。貧しい村の貧しい農家に生まれて育ち、村びとの辛酸をわがこととして生きてきて、その悲惨な状態をなんとかしたい、してやりたいという思いが、いっぱいに彼を満たしている。村びとの耐えて苦しんでいる姿が、清吉には悲しいのだ。酔うと、その悲しみが吹きでるように彼の怒りは増すのだ。

清吉は、役場に入ってから国保一本で生きてきた男だった。だからなおさら、怒りや悲しみはつのるのだった。

「清吉さんが役場に入ったのは、たしか戦時中だったたねえ」

「はい、昭和十七年の末だったたと思います。それまでは、姉が大阪さいたもんだから、そこで蓄音機会社さつとめていたですが」

彼も村の外を知っているのか、と晟雄は思った。

清吉は、明治四十三年（一九一〇年）の生まれで、村の小学校の高等科を出た大正十四年（一九二五年）から五年ほどは、家で農業に従事した。昭和五年（一九三〇年）に弘前師団に入営したが、帰村後、大凶作があり、大阪へ働きに出たのであった。それが昭和九年のことであり、日中戦争がはじまった直後、召集を受けて中国へ渡った。昭和十五年、いったん大阪へ帰り、結婚したが、翌年早々また応召となり満州へ行った。二年で除隊になった昭和十七年に、彼は沢内へ帰ってきたのだ。

「わたしは、衛生係で入ったんです。その年に国保事業が開始されていて、村の信用組合代行でやられていましたが、戦時中で医者は来ねえし、医薬品はさっぱりねえしで、わたしは国保のほうの助手もやったんですが、まあ誰もなり手がいなくてなったようなもんで、衛生主任になってからもそのままやりました。その頃は、加入戸数の三分の二が滞納でねえ、その半数以上がはじまった時からの人で、整理に歩くと、簡易保険さ入ってるからとか、医者さかかったことはねえし、病気しねば損だからなんて言う者が多くて、目にあいやした。番犬を放してけしかける家があったり、金がねえから秋まで待ってけろとか言われたりして、さっぱり集まらないのす。あんまり面目ないので、気心知れた者の分を立替えて役場さ戻ったこともあったな。でも、もとはといえば、みんな貧しいからなのす」

清吉は戦後、久保義雄が村長の時代にできた国保直営診療所の事務長も兼務した。同じ頃、国保は村の公営となった。しかし保険税の滞納は多く、診療費の支払いが遅延したため、国保扱いの診療を断る医者も出て、国保は医者からも患者からも嫌われた。また、村の保健婦が一名もいなくなり、保健活動も空白となった。清吉はそのようななかを、衛生主任として情ない思いで耐えてきたのである。そうして、晟雄と出会ったのであった。

「村長さん、わたしの末っ子に、五つになる男わらしがいるんだども、これが生まれて間もなく高熱を出して、ひどいひきつけを起こしたのす。診療所さ入院させて、助けていただいたんだども、誕生日が来ても、泣くも笑いもしねえ。今でもそうでがす。親馬鹿かもしれねえが、せめてあの頃、乳児検診とか保健婦の巡回指導とかがあったら防げたんでねえかと、子どもがあわれで、くやしくて……」

涙ぐんでうつむいてしまった清吉を、晟雄は見ていられなかった。保健活動をやりたい、保健婦を採用してくれ、岩手医大の学生を受入れて検診活動をやらせてくれ、そう清吉が強く言ってきた思いがよくわかるのだった。

「清吉さん、これから大いにやっていこう。いいと思うことは夢でも思いつきでもいい、遠慮しないでどんどん言ってほしい。わたしはね、何が一番大事かといって、人間が生きること、これ以上に大事なことはないと思っているんだよ。人間の生命と健康を守ることは政治の原点なんだ。本来ならば、こんな大事なことは国家の全責任でやるべきなんだ。医者まかせや自治体まかせは断じて許せない。わたしは断固やるからね。清吉さんも命がけでがんばってほしいんだ」

晟雄は、子どもの頃に見た箱橇の悲しい記憶をまたよみがえらせていた。貧しさが、人間の生命に格差をつけている。この許しがたい人間格差は、まだ解決されていない。

晟雄は、生命行政の歯車が、一刻も早く、力強く回転することを痛切にねがわずにはいられなかった。

晟雄が助役時代の三月に行なった、岩手医大生を受入れての冬季保健活動がきっかけになって、村長就任後の夏にもほぼ同様に行なわれた。この時は、乳児検診が新たに加えられた。

この夏季保健活動には、畠山富而《はたけやまとみじ》という若い小児科医が参加していた。彼は、沢内村の乳児の実態を見てひどく驚いた。これでは死亡率が高いのも無理はないと思った。

畠山医師の目にも、その根源は貧困だと映った。しかし、母親や家族の無知も許しがたいことに思われた。彼の検診した範囲内（不参加の母子が多かった）でも、全体的に発育は不良であり、くる病や貧血が目立った。臀部《でんぶ》の湿疹やかぶれもひどかった。「えじこ」（嬰児籠）と呼ばれる、藁で厚く編んだ大火鉢ほどの籠に、長時間入れられているために、そうした湿疹やかぶれができるのだ。一家総出で働かなければならないから、赤ン坊から目を離すとき「えじこ」に入れていく。あるいは野良に「えじこ」を持っていって入れておく。それを今すぐすべてやめてしまえとは、彼にも言えなかったが、こうして放置されている乳児の状態は、まるで近代以前だと怒りがこみあげてならなかった。

また、離乳食開始も満一年後からというのが圧倒的で、これが発育不全につながっていた。だからよけい病気に弱い。

検診にやってこない母親には、姑《しゅうとめ》への気兼ねや、とにかく働くことを休むわけにはいかないといった理由があったが、発育の悪いわが子を人前にさらしたくないという心理も強く働いているのだった。

「これではだめだ」と畠山医師は思った。清吉や、保健婦の田中トシらが献身的に働いている姿には胸を打たれたし、深沢村長のもとで意欲的な取り組みがはじまっていることは知っていたが、彼はじっとしていられない思いにかりたてられていた。畠山医師は、清吉たちにその思いを洩らしたが、夏季保健活動を終って大学へ帰ると、教授に対して、継続的な乳児検診の許可を願って諒承《りょうしょう》をとった。

一方その頃、沢内村の三悪追放を明確にしつつあった晟雄は、豪雪克服の問題とともに、多病・多死にどう立ち向かうか、考えをめぐらしていた。

晟雄は、国民の生命と健康の保障については、すべて国の責任で行なわれるべきだという持論であったが、国が責任を持たないものを、ただ待っているわけにはいかず、村として独自の努力を払うための第一着手として、もっとも弱い層にあたる乳児と老人の早期診断、早期治療をやりたいと考えた。しかし、これとても財政的に困難だった。とすれば、ぎりぎりにしぼって、乳児を最優先すべきであると思った。

当時の沢内村の乳児死亡率は、七〇・五（出生千人比）であった。岩手県平均では六六・四、全国平均は四〇・七。全国でも最悪の岩手県にあって、沢内のそれは最も悪い部類に属し、全国平均に較べればおよそ二倍というひどさであった。この乳児の多死をなんとかしない限り、晟雄の考える健康な村づくりは一歩も前へ進まないのである。

人間尊重、生命尊重の政治を標榜する自分が、このような悲惨な実態を刻々に許していることは、なんとも慙愧《ざんき》に堪えないことだった。つい先日、晟雄は耳を覆いたくなるような話を聞いた。

それは大正の終りか昭和のはじめ頃のことであったが、赤ン坊が死んで、その父親は湯田村の開業医のところへ背負っていった。死んだわが子をおんぶして、「ふびんなわらしよ」と涙を流しながら遠い道を歩いた。埋葬のために死亡診断書が必要だったからである。医者のところへ着いたのは、夜になってからだった。医師は不在であった。どうせ死んだのだから翌朝まで待ってくれ、と言われた。父親は、門のかたわらにうずくまって朝を待った。しらじらと夜が明ける頃、父親は人の気配に気づいて立ちあがり、あたりを見まわした。すると、自分と同じように息絶えた子どもを背負っている親が二人も立っていたというのである。

なんともやりきれない陰惨な話だった。豪雪、貧困の無医村にあって、死ななくてもよいどれだけの尊い命が失われてきたことであろう。馬車や橇で、死期の迫った病人や、死亡診断書をもらうためのみの亡骸《なきがら》が、どれほど村の往還を行き来したことであろう。

戦後になっても、この暗い歴史は断ち切られていない。晟雄の心に、どろどろとうごめく憤怒《ふんぬ》があった。

「乳児死亡半減対策」が決定されたのは、それから間もなくのことであった。これは、県国保連が折柄全県的に開始した「乳児死亡率半減十ケ年計画」と呼応するものとなった。若き医師の良心と、清吉や田中トシ等保健婦の犠牲的な献身、教育委員会を先頭とする各団体の活動が結合して、この運動は着実な歩みをしるしはじめた。歯車がしっかりと噛みあって動きだしたのである。

困難を乗りこえて、ブルドーザーによる除雪を開始した昭和三十三年（一九五八年）には、冬と夏の保健活動が全村的に行なわれ、乳児検診は、五、七、八、九、十一月の五回にわたって実施され、その受診率は八〇パーセントと高まった。

晟雄はこの年、着々と手を打っていった。村の中心部にある診療所から、南北に遠く離れた地区二カ所で、出張診療を開始した。また、患者輸送車（救急車）の購入、医師住宅の新築について、村議会の承認をとった。除雪用のブルドーザーの、特別会計による購入も承認された。納税意識の向上と滞納解決のため、納税組合の結成をすすめ、完納報奨金については、とくに保険税を高率にした。

清吉が提起してくる企画も積極的にとりあげた。

「村長さん、国保の趣旨普及のために、全地区を巡回して映画会をやりたいのでがすが。幕間で、お話をしてもらえないすか」

「国保税の完納者や健康家庭の表彰式をやって、滞納整理の機運を高めたいのだども、なじょでがすべな」

「こんどは秋田美人の手踊りを呼ばって巡りたいのだども。納税慰安会ということでなじょでがす」晟雄はいきいきとした清吉の表情が嬉しく、「そりゃいい、よし、やろう」と一つひとつ具体化していった。

晟雄は、村びとの中に生まれてくる自発性や主体性がとても嬉しかった。豪雪との格闘であげた成果が、村びとに自信を持たせた。婦人会や青年会の動きに、それは反映した。青年たちは独力で、沢内村青年友好祭を開催し、「仲間をひろげよう」というスローガンのもとに、会員二百名のほかに組織外三百名の青年たちを集めた。晟雄や祖電は、そこで熱をこめて青年の団結を訴えた。

婦人会も婦人学級を組織して、衛生・育児・栄養などについての学習会を開き、婦人の意識向上をはかっていった。この頃は、ミキが村婦連会長に就任していたので、二人で家をあけるような日々が続くこともあった。

貝沢という開拓地で、農繁期に季節保育所を開設して農民に喜ばれるという活動も起きた。晟雄は翌年これを、四カ所に拡大させるために援助をした。

長瀬野という地区では、青年会が行なった生活実態調査が契機となって、自発的な新生活運動が起こった。長瀬野は以前からまとまりのよい地区で、自主的な活動が展開されていた。晟雄が助役時代に、県の農漁家振興対策の「典型地区」に指定され、農業改良普及を中心としたとりくみが行なわれてきたのだった。青年会や婦人会が主体となった新生活運動は、虚礼の廃止、冠婚葬祭の簡素化、農休日の拡大、新暦の採用などを目標として動きだした。

晟雄は嬉しかった。自治の力が、さまざまな形で芽吹きはじめてきた、と思った。

ある日、清吉がにこにこしながら村長室へ入ってきた。何かよいアイデアを持ってくるときはいつもそうであった。

「村長さん、検討していただきたいのでがすが」

「なんだね、ずいぶんにこにこしているじゃないか。相当いいことを思いついたようだねえ」

清吉は照れ笑いしながら、

「実は、としよりの意識を変えるために考えたのですが、国保から養老手当を給付したらどうかと。国保はいいもんだと喜んでもらいたいのす」

「ほほう、養老手当ねえ」

「はい。喜んでもらえれば理解もしてもらえると思います。助産給付や葬祭給付と同じようにやるのだから、補助の対象にもなります。とりあえず七十歳以上のとしよりさ、年間千二百円ぐれえ出せないかと」

「なるほど。そりゃいい考えだねえ。としよりたちが変わってくれれば、嫁さんたちも喜ぶだろうしね」

「はい。来年度からでも実施できるように、検討していただけないですか」

「わかった。すぐ検討してみよう。来年といわず今年からでもいいじゃないか。なにしろ今年は国保二十周年だし、村の直営診療十周年の記念すべき年だからね」

清吉は相好を崩して喜んだ。そして、

「それから、もう一つお願いがあります」

「ほう、こんどはなんです」

「保険税の滞納整理のことですが、長期滞納者がいると、納税組合の組織が思うように進まないので、考えてみたのですが」

「ほほう、妙案を思いついたんだね」

滞納整理については議会でも追及され、晟雄は頭を痛めていた。清吉の口からどんな名案が飛びだすかと、身を乗りだした。

「妙案なんつものではながすが、産業組合時代からの長期滞納を納めた者に賞品を出したらどうかと。まあ、石けんから毛布ぐらいまで段階をつけてですね」

「ふーむ、賞品をねえ」

晟雄は清吉の顔を見ながら唸った。ちょっと問題を含んでいると思った。きちんと納めている者に対して不公平ではないか。

「苦情が出やしないかね」

「はい、それは予想されます。だども、村長さんは、差押えだけは絶対にやるなと、やらないで整理しろと言うし、滞納者が協力しねば滞納はなくならないし、いったいこりゃどうしたらいいべかと。たしかに公平に欠けるけれども、滞納整理に協力した、その協力に対し褒美を出すということであればいいんでないかと思うんでがすよ」

晟雄は、なんとなくこみあげてくる笑いに顔をほころばせた。滞納者が協力しなければ滞納はなくならない、なるほどそれはそうかもしれぬ。だが、はたして効果があがるだろうか。賞品を出して納めさせるという方法は、晟雄はよくないと思うのだが、清吉の発案には、村びとの心の機微に触れているところがあるように感じられた。

「よし、やってみなさい。ただし、滞納整理協力賞として、完納した人だけにね。責任はわたしがとるから、やるからには思い切ってやりなさい」

「は、ありがとうございました」

清吉は入ってきたときと同じように、にこにこして帰っていった。

この清吉の考えだした滞納整理の方針は、思いがけない効果をあげ、焦げつき滞納のほとんどを整理することができた。清吉はどこからか安毛布を買いこんできてはじめたのだ。噂が広まり「協力者」が続出した。たんに賞品が欲しいということだけではなかった。そこまで役場では懸命になっているのか、それなのに協力しないとなれば、これは村民としての義理にも欠ける。昔は、家の土台石まで差押えられて道普請に使われたこともあった。そのことを考えれば、ここは無理してでも応えなければ面目もない。清吉の考えに考えた揚句の狙いは功を奏したのであった。

「養老手当」を、晟雄はその年に実施した。七十歳以上のとしよりに「長寿の証」を贈り、年額千二百円を毎年支給するという県下初の試みであった。

支給の日、該当する村びとたち（全村で二百二十名）は各地区の公民館に集まった。村長と助役が、南と北とにわかれてまわって歩いた。清吉は村長についていった。腰をおろしている老人たちや代理の一人ひとりに、晟雄はねぎらいの言葉をかけながら、「長寿の証」と手当の入った封筒を渡して歩いた。としよりたちは喜んだ。なかには涙を流しながらおしいただくとしよりもいて、晟雄は胸がつまってならなかった。政治の光がゆきとどかない中で、貧しい村に生きて老齢となった人びとの辛苦を思うと、この程度のことで涙まで流して喜んでいる姿がかえって切なかった。生きていてよかったと思えるような村にしてみせるからね、晟雄は心のなかで幾度もそうつぶやいた。「喜んでもらえれば理解もしてもらえる」という清吉の言葉どおり、この施策は村政への不信を拭い、国保への理解を深めることに役立ったが、働けなくなったとしよりたちにしてみれば、一家の貧しさの負担になっていることの辛さを、思いがけない形で温かく慰められ、それこそ涙が出るほど嬉しかったのである。健康で長生きすることの尊さや誇りが、少しずつ村びとの生活感覚の中に定着していく過程の、これはひとこまとなったのである。

この年十月、三日間にわたってひらかれた村の文化祭の最終日、国民健康保険法施行二十周年、沢内村国保直営診療十周年記念の式典が盛大に行なわれた。功労者の表彰の中に、高橋清吉も入っていたが、清吉はこれより少し前、厚生大臣表彰を県内ただ二人のうちの一人として受けていた。国保主任高橋清吉に対する村びとの評価は高まったが、式典後の祝宴のなかで、清吉は自分のことより、保健活動がようやく軌道に乗りはじめたことのほうが嬉しくてならなかった。だが、晴れの祝典の中で、心に射す影があった。それは村立病院の医師の問題であった。国保の活動を盛りあげていくためにこのような式典が行なわれているのだが、村びとの医師に対する不信、ひいては病院に対する不満は根強く存在しているのである。それは重い影であった。

医師に対する不信は、晟雄に人一倍はげしく宿っていた。村としての保健行政が、どうやら歯車が噛みあって動きだしているとき、医師の問題はきわめて重要になってきた。医師が、病気をなおしてやるんだというようにふんぞりかえっているのでは、晟雄の考える保健行政は生きたものとならない。また、定住の医師がいない上、医大から派遣されてくる医師が、半年とか一年ごとに猫の目のように交代となるのでは、村と村民と病院とが一体となった保健活動は成立しない。つまり、よい医師と、保健活動と一体化する医師のあり方が強く求められるのである。しかし、僻村に望むような医師はやってこなかった。よぼよぼの老医師が派遣されてきたり、イワナ釣りにうつつをぬかす医師であったりした。いずれも、村びとが馴染むいとまもなく交代していった。それを許さざるをえない自分たちの非力も情なかった。

晟雄は後年、それは昭和三十六年（一九六一年）の夏のことであったが、岩手国保連主催の「保健活動事業夏季大学」で行なった講演で、医師の問題について次のように言っている。

「次に医師の立場の問題でございますが、これまた大変な問題でございます。幸いにして私の村には開業医はおりませんけれども、お隣りの村には、ちょうど私の村はずれから一里ばかり行ったところに、湯本温泉というところがあるんでございますが、開業医が三人おります。私の村自身には開業医がおらない、ですからそういう問題についての懸念がないわけでございますけれども、過去のことを思いおこすと、ぞっとするような状態であったわけでございます。いわゆる医師の横暴と申しますか、病院に来る医師も甚だけしからん医者が来ておる。開業医がそれに乗じていろいろな問題が出てくる、といった格好で、この医者の問題というものは、どこの市町村においてもガンの一つであろうかと思われます。

実は恥さらしを申しあげますが、私の村では某大学との提携のもとに医師を雇っていたわけでございますが、これは保健活動なんていうようなものに認識の認の字もございません。もう医者というものはただ病気をなおしゃあいいんだ、病気にならないようなそういう活動は任務以外の問題だ、というふうな考え方、そういう非常識きわまる、近代離れした医者というものは相当ございます。近在の開業医にいたってはもちろんのこと、病院あたりにくる医者の中にも相当数見うけられるようでございます。

ある大学のある教室なんていうものになって参りますと、もうなんといいますか、全く明治時代の頭しかない。そういうふうな教授から習ってくる学生・医者なんかなっちゃおらん。これは当然でございます。私は、国立にしろ私立にしろ、大学制度というものを根本的に検討する必要がある。一言にしていうならば、いわゆる親分子分的なあの封建性の残っているのは、大学、特に医科大学でございます。只今のような近代化に向かっている時代に、封建性の最後に残っておるのは医科大学である、と私は断じておるのでございます。いわゆる老教授の声がかりによって、もうどのようにでも、右といえば右、左といえば左というように動かなければならんような仕組みになっておる。それに逆うと将来の生活の保障がない。開業した場合においても、便不便というものが非常にございます。ですから、どうしても自分の教室の親方にはそむけない。言いたいことも言えない。ある大学などにおいては、ただ金儲けのことだけを教えておる。どうすれば開業して金が儲かるか。どうすりゃよろしいか。こういうふうなものの考え方、人生観というもので、自然に教育されているようでございます。ですから、そういうところの親方でございますと、よほどの金をつぎこまないと、われわれ市町村長のいうことを聞いてくれない、相談に乗ってくれません。

また、皆様もご承知かと思いますが、その入学に際しても、私立ともなりますれば、まあ一人入学させようと思えば裏口から百五十万ないし二百万円の金を包む、これが常識だとか聞いております。ですから、そういうところで教育されて高潔な人生観など到底望み得べくもない。そういうものは一切、これにメスを当てなければいかんし、国立大学においても教室によっては依然そういう傾向があるやに聞いております。これは生命をもって商売の種とし、生命をダシにしながら己の栄耀栄華をはかってゆこうとするものであり、こうした教室のあり方を根本から立てなおさなければいかん。そういう点において文部省は、抜本的な大学制度の改造をすべきであると、私は提言しておるわけでございます。医師の問題は終局するところ、こうした大学のあり方を抜きにしては解決し得ない問題でもあり、これをやらんことには、われわれの念願する保健問題というものは一向に片付いて参らない。根本的にはどこまでも大学制度というものを改める。そして彼等の他の職業にくらべての優位的なものの考え方、うぬぼれ根性というものをたたきなおさにゃいかん。大学ともなれば、どの学部におきましてもそれぞれ重要な研究をおしすすめております。ただ医師の場合においては、こと生命をあずかっておるということから、のさばるような状態になっておる。このさばりをなくするというところに、大学制度にメスを入れる基本的態度がなくちゃならん。私はさように考えるのでございます」

かなり激しい医師不信、医学界不信の表明である。この講演の時点では、医師の問題が基本的に解決しており、良心的な医師とも多く出会っていた晟雄であったが、それでもこのように激越であったのだから、ひるがえって昭和三十三年当時の晟雄の医師不信の念は、相当のものであったといえよう。

講演の中にある「過去のことを思いおこすと、ぞっとするような状態」が、実はこの時期進行していたのであった。

その年の六月、Tという若い外科医が、一年ほどいた前任者のあとを受けて派遣されてきた。Tの評判はよくなかった。Tは院長に対しきわめて横柄な態度をとり、まず病院内で不評を買った。暴力団をつかって院長を威迫した、というような噂も流れ、それに尾ひれがついて、隣村の某開業医が沢内病院をつぶしにかかった、というような噂にまでなっていった。

また、患者からもTの診療態度に不信がぶちまけられるようになって、それは佐々木助役や清吉の耳にも届いていた。院長はすっかり意気消沈して、自分のところへくる患者に、村外の病院へ行くようにすすめる始末だった。晟雄にも状況は報告された。しかし、次の医師派遣をねがっていることでもあり、十分に注意するよう指示して、ひたすら忍耐した。乳児検診活動で懸命になっている畠山医師の姿に、晟雄は敬意を抱いていたし、畠山の先生である若生《わこう》教授に感謝していたので、そのような良心的な医師もいるのだからと、いずれ半年ほどで交代になるであろうTの後任にかすかな期待をよせていた。

そんなあるとき、佐々木は病院の薬局長も兼ねる高橋ミヨ婦長から、ぞっとするような話を耳打ちされた。

「T先生は、もしかすると薬物中毒かもしれない」

というのだった。どうもくさい、というのである。佐々木は清吉にそのことを話し、内密に探ることをはじめた。高橋婦長にも、厳重な注意と観察を怠らないように求めた。

国保の記念式典が終った直後、大事件が発生した。Tの執刀による盲腸手術が失敗して、患者が亡くなったのである。ほとんど同時に、高橋婦長はTが麻薬中毒であることをつきとめた。Tの使ったアンプルを入手したのだ。

「助役さん、Tを訴えて下さい。証拠をつかみました。裁判になったら、あたし証人に立ちます」

婦長は泣いて佐々木に訴えた。これを聞いた晟雄は激怒した。

「助役さん、すぐ岩手医大へ行きましょう」

佐々木は、はじめて見る村長のすさまじい形相に驚いた。

「もう、このような大学とは縁を切る。なんという医者だ。こういう奴を派遣してくる大学も大学だ」

晟雄は、盛岡へ飛ばす車中で、押さえがたい怒りを佐々木にぶつけていた。

「村長さん、大学へ乗りこむ前に、国保連へ寄りましょう。菊地武雄さんに相談しましょう」

佐々木は、村長をなだめる必要があると感じた。T医師はもちろん即刻やめてもらわなければだめだ。しかし、病院は医師を必要とする。大学に縁切り宣言をしてしまえば、たちどころに医師の補充に困る。国保連の事務局長の菊地さんに相談してから事を運ばないと大変なことになる。菊地武雄には、これまで多くの指導や援助をもらってきた。先月の記念式典で感謝状を贈ったばかりの人であった。

二人は国保連に菊地を訪ねた。二人が案内されて部屋に入るなり、菊地も驚いたような表情になった。晟雄の顔のきびしさがそうさせたのにちがいなかった。

晟雄はいきなり事情を話し、これから大学へ乗りこんで徹底的に弾劾《だんがい》してくる、と言った。

菊地は、晟雄の興奮をしずめるように、お気持はよくわかるが、大学丸ごとすべてが悪いのではなく、人事の衝にあたる者に問題がある、自分もこれまで県内の町村の病院のことで、どんなに腹立たしい思いをしてきたかわからない、しかし、岩手医大の今の態度が建学の精神だとは思わない、と静かな口調で語った。

晟雄の興奮はいくらかおさまったが、しかし、決意には変わりなかった。

「これから行ってきます。今後いろいろとお力添えをお願いすることになると思います」

そう言って、晟雄は岩手医大へ行った。すでに外は真暗になっていた。

重大な内容を含んだ会見申込みに対し、大学側は、会議室に二十人近い教授や担当の職員を集めた。晟雄は立ちあがって、T医師のことを告げた。また、これまでの大学側の態度を、事実に立って批判した。それに対し、誰も何も言わなかった。

「わたしは、あなたがたの大学のこのような非良心的なあり方には、絶対に承服できません。今夜かぎりで岩手医大とは縁を切りたい。わたしの村は、ご承知のような僻村ですから、好んでくる医者はないとは思うが、しかしわたしは、あなたがたの大学の非が改まるまで、あなたがたを攻撃しつづけます」

反論は一つもなかった。晟雄は会議室を出た。容易ならざる事態になった、と晟雄は思っていた。新しい医師をどうするか。晟雄は、晩秋の盛岡の街の雑踏に入りこみながら、ここには多くの医者がいるのに、沢内には唯の一人もいない、という現実に歯がみした。母校の東北大学へ行って頼もう、それ以外に方法はない、晟雄は暗く落ちこんでいく思いに耐えながら、自らの心をふるい立たせていた。ようやく動きだした沢内村の生命行政を、なんとしても守り、発展させたかった。これからは、医師派遣の頼み方も変えていかなければだめだ。沢内はこういう医師を求めている、とはっきり言わなければいけない。ただ頭を下げるだけではだめなのだ。

村へ戻った晟雄は、新しい医師の確保のために動きだした。生命行政の危機がひしひしと実感された。病院の現場には、すでに混乱が出はじめていた。

このとき、もう一つの問題が発生していた。岩手日報の記者が、T医師のことを嗅ぎつけて動きだしていたのである。

その新聞記者は、村田源一朗といった。彼は、北上支局長に着任したばかりの若い記者であった。村田は、沢内病院の外科医が盲腸手術に失敗して患者が死亡したという噂を耳にした。しかもその医師は麻薬中毒に侵されており、手術中に禁断症状を起こしたという。もし事実とすれば一大事件であり、社会的に糾弾《きゅうだん》されることになるだろう。

村田は予備取材を固めて沢内村へ入った。その予備取材で、村田は深沢村長のすすめている生命行政のことを知った。県内で最も劣悪な条件にある沢内村で、理想をめざす活動が展開されていることに、彼は感銘を受けた。だから、もし噂が事実であり、それが報道されるとなると、沢内村の生命行政が頓挫してしまうだろうことは十分に予想され、いささか気が重かった。しかし、真実の報道は曲げるわけにいかぬ。

村田は、村内を歩きまわった。噂は事実であった。T医師とも会った。Tは言葉少なではあったが一切を認めた。また遺族は、事実を知ってTを告訴すると怒った。村内には、深沢村長に対する不信や批判も起きていた。

まる一日かけての取材を終った村田は、出張で不在だった深沢村長に翌朝会うべく、湯本温泉に宿をとって原稿を書きはじめた。社会的な告発記事に仕上げようと彼は考えていた。ところが夜中の十一時頃、どのようにして探し当てたのか、深沢村長が訪ねてきたのである。

「村田さん、大変申しあげにくいことだが、その記事は書かないでいただけないでしょうか。なんとかお願いしたいのです」

深沢村長は、畳に手をついて深く頭をさげた。村田は困惑したが、「はい」と言って引きさがることはできなかった。

二人の間に、くりかえしの議論が果てしなくつづいた。深沢村長は言うのだった。

「村田さんがおっしゃるように、たしかにすべては事実です。しかし、それが記事になれば、村に芽ばえつつある村総ぐるみの生命行政の試みはつぶれます。村政全般もしぼんでしまいます。そうなれば、沢内村はまた元の無医村に戻ってしまう。沢内のお母さんたちは、再び病気の子どもを背に、吹雪の中をさまよわなければならなくなる。これはわたしの立場がどうなるという問題ではないのです。沢内村のすべての人びとの生命にかかわる重大事なんです。真実の報道に異を唱えるものでは決してない。六千村民の命の問題、幸せの問題という大きな真実のためにお願いをしているんです」

村田はそれに反論した。

「村長さんのお気持はよくわかりますし、私も苦しい。しかし、この事件は沢内村だけの問題ではないでしょう。医療と行政の病根を社会に訴えて、国や県、あるいは医師集団に対して、解決への協力をよびかけるべきです。こんな欠陥医に診療させた責任は、大学だけでなく村長にもあるんですよ」

話しあいは平行線をたどった。午前四時頃、深沢村長は沈痛な面持ちで帰っていった。ところが、夜が明けだした頃、深沢村長は再びやってきた。

「村田さん。遺族は、村民みんなのために告訴しないと決めた。重ねてお願いします。沢内六千の人間のためにも、もう一度考えてほしいんです。これは人間の生命の問題です。どうか頼みます」

深沢村長は一睡もしていないのだろう。すっかり憔悴《しょうすい》した表情に、目だけをぎらつかせて村田を見つめてくる。村田は気力をふりしぼって拒絶した。

午前九時から、村田はデスクへの電話送稿をした。長い原稿になっていたから、時間がかかった。デスクも電話送りを受けながら張り切っていた。夕刊に大きなスクープとなって出ることはまちがいなかった。

長電話を終ってふと気づくと、廊下に深沢村長と数人の村びとが無言で立っていた。村田も無言でつっ立っていた。村長以下、村びとたちの顔は歪んでいた。見つめてくる目が村田を圧倒した。自分の内部に、記者としての功名心がまったくないわけではない。村びとの目は、悲しみに暗かった。

そのとき、深沢村長の頬に、涙が筋を引いた。

「満州でも、夢は裏切られたなぁ。最後の夢も、だめだったなぁ」

かすれた声だった。その声を聞いたとき村田は、心の中で音をたてて崩れていくものを感じた。

村田は、重い足取りで電話に戻った。本社を呼びだした。

「デスク、申しわけないが今の記事、大きなミスがありました。取材不足でした。ボツにして下さい」

村田は、村びとたちの泣きだす声を背後に聞いた。深沢村長は、その場から仙台へ向かった。


晟雄の東北大学への直訴がはじまった。それはまるで日参に近く、そして座り込みに近かった。母校とはいえ、法文学部出の晟雄に、医学部の教授たちへのコネクションはなかった。まるで体当り戦法であった。

十一月からはじまった東北大学への陳情は、暮から正月へ、そして、二月、三月とつづいた。二度目の除雪の時期と、それは重なった。幸い、村の幹線道路である県道が、「積雪寒冷地帯における冬季交通確保に関する臨時措置法」にもとづき、指定路線となり、県有のブルドーザーが一台導入された。二台のブルドーザーの力によって、前年よりさらに四キロ北の川舟地区まで、道は延びた。豪雪克服の夢は、また一歩実現に向かって接近した。それにつけても、いい医師が欲しい、と晟雄は痛切に思った。

国保連の菊地武雄も、晟雄の理想を心から支持して、医師確保のために力を尽くした。一緒に東北大学へも行ってくれた。

多忙をきわめる教授に会うのは大変なことだった。長時間待たされて、会見時間は十分か二十分程度であった。晟雄は腰を低くして医師派遣を願ったが、自分の考えは堂々と主張した。村の保健活動があくまで主体であって、その中に病院経営、医師の任務がある、名だたる僻村の沢内であるが、村民一体となっての保健活動が前進しつつある、どうかそれにふさわしい医師を送っていただきたい。

会見時間が切れても動こうとしない晟雄だったが、次の訪問者が入ってきては引きさがらざるをえなかった。「ではまた明日参ります」と言い残して帰ってくる。大学病院の前の旅館に、どれほど泊ったかわからない。

国保連の菊地の尽力によって、横手市にある平鹿総合病院長の立身政一や、北上保健所長の及川俊平、予防課長の小野寺伸夫、またひき続き岩手医大の若生教授や畠山医師が、院長一人となった沢内病院をこの間助けてくれた。

春が過ぎ、夏がやってきた。晟雄の仙台通いはつづいていた。晟雄は最終的に、東北大の中村教授（内科）に喰いついて離れなかった。中村が晟雄の構想を評価してくれたので、「そうおっしゃるのなら、ぜひとも医師を」と喰いさがったのである。横手の立身院長が東北大出身であったので、晟雄に同道してくれたことがあった。この力は非常に大きかった。

晟雄の熱意は、とうとう通じた。

「医学の世界は日進月歩であり、長期の派遣は困難だが、さしあたり三カ月交代で医師を送りましょう」

と、中村教授は約束してくれたのであった。昭和三十四年（一九五九年）の七月のことであった。

晟雄は難関を突破した。その上、立身政一というすぐれた医師とも出会った。平鹿総合病院は、間もなく沢内病院の親病院になってくれたのである。晟雄は、多くの人びとの善意に胸を熱くしていた。

「助役さん、苦労かけたねえ」

中村教授の約束を得ての帰路、晟雄は言った。

「とんでもない、村長さんこそ大変でした。ずいぶんご苦労されました」

佐々木は村長の言葉にホロリとしたが、自分なんかより、村長の心労こそ大変だったであろうと、心中を察していた。

「岩手医大にあんな宣言をしたばかりに、とんだ苦労をかけたけどねえ、あれは、そうせざるをえなかった。一番ガンになるものを取り去らなければだめなんだ。膏薬貼りみたいなことをしていてはいかんのですよ」

「はい、ほんとうにそうですなあ。こんどはいい医者が来てくれればいいんですが」

「それはまだわからないよ。短期交代だしねえ。もうこうなったら、よくない医者には帰ってもらうんですな。医者自身に保健活動をやるんだという認識がなければどうにもならんです」

佐々木はうなずいていた。難関は突破したが、問題はこれからだと思った。

「障害になるものは、どんな困難があろうとも、強力な意志をもって排除していかないとね。でないと、活動というものは成り立たないですよ」

「まったくそうだと思います。雪の問題にしてもそうですからねえ」

佐々木は、村長に並んで歩きながら、足かけ九カ月の仙台通いをふり返っていた。ほっとした思いと疲れとが、汗にまでまじってにじんでくるような感じであった。東北一の大都会の雑踏の中を、山奥の村の村長と助役が、安堵と疲れを抱いて歩いている。通りすがる人びとには、そんなことはわかるはずもないことだったが、佐々木は都会のよそよそしい表情に違和感を感じていた。早く緑濃い村へ帰りたかった。

「助役さん、ちょっと一杯やっていこうや」

晟雄は佐々木に、柔和な笑顔を見せて言った。

第六章　生命行政

晟雄が、東北大学からの医師派遣を確保した昭和三十四年（一九五九年）は、沢内村の乳児死亡率が大幅に低下した年であった。

村長に就任した当時七〇・五（出生千人比）であった死亡率が、この年は県下トップの二七にまで改善された。県平均に対して半分という、いちじるしい改善が見られたのである。また、保険税の納入率も向上し、県下第四位となった。沢内村の保健活動、晟雄の説くところの生命行政は、大きな注目を浴びるようになる。

村びとたちの力が、しだいにまとまりはじめたのである。晟雄は嬉しかった。しかし晟雄は、手放しで喜んでいるのではなかった。まだまだ村民一人ひとりの自主性は弱かった。派閥解消を説き、地域のボス支配を批判し、村民総体の「和」を訴えてきた晟雄であったが、ほんとうに民主的な自治の力は、まだ生まれていない。いずれも萌芽の段階であった。

沢内村の自然的条件、地形や豪雪によって生ずる他との隔離性は、それなりに村としてまとまりやすい条件であり、それが苛酷であればあるほど農村共同体としての「和」は強くあった。だがそれは、個の意識の低さをともなった封建性を色濃く宿してきた。「和」には、互助という強い連帯の裏付けがあると同時に、個の覚醒を押さえこむ力も隠然として働いていた。晟雄のめざす人間の尊厳を尊重する政治、村びとによる自治は、何よりも人間の平等性に立脚しなければならない。人間に格差があってはならない、それは根源的には人間の生命に格差があってはならないということであり、その意識を日常の生活の中に定着させていかなければならなかった。新しい民主的な共同体、少しぐらい物質的には貧しくとも、ほんとうに人間らしい心豊かな生活をつくりだすための共同と連帯が、新たに形成されなければならない。そのためには、貧困を克服していくと同時に、村びとの意識の民主化を独自に追求していかなければ、平等に反する利己主義が蔓延してしまうだろう。自分は倫理的に過ぎるかもしれぬが、民主的なゲマインシャフト（晟雄はこの言葉を多用した）をなんとしてもつくりだしたいのだ。晟雄は、農政面での力を強めることに努力しながらも、生命と健康を尊重するということの一事を通して、村びとの意識を民主的に変革していくことが先決だと考えていた。教育長の太田祖電が、自分と同じ観点に立って奮闘してくれていることが、晟雄にとっては何よりも心強い支えであった。そして、佐々木や清吉、田中トシら保健婦の献身的な活動が尊く思われた。

晟雄が東北大学への「日参」をくりかえしていた冬の頃、のちに晟雄を感激させる保健婦の活動があった。

それは沢内村の雪と寒さが厳しくなる一月のことだった。保健婦の田中トシは、若い夫婦が赤ン坊をつれて炭焼小屋に入ったという知らせを聞いてびっくりした。その子は十二月に生まれたばかりで、一カ月にしかなっていない。それを氷点下の雪の山中へつれていったというのだ。母乳が不足で練乳を持っていったというから、トシはよけい心配になった。すぐにでも飛んでいきたかったが、知ったのは夕方近くであり、遠い山中に入ることは無謀であった。トシは、同僚の高橋ミヨと翌日行くことにした。

その夜、トシはなかなか眠れなかった。気温は氷点下十度にまで下った。若夫婦の家は貧しい農家だった。どこの農家でもそうだが、冬は炭焼きをして少しでも収入を得なければならず、母親が育児に専念できる余裕はなかった。あの家にはおばあちゃんがいたのに、とトシは悲しかった。どんな事情があるにせよ、生後一カ月の赤ン坊を、雪深い山中の萱囲いの小屋へ置いておくわけにはいかない。トシは、ひたすら無事を祈るばかりだった。

翌朝は猛吹雪となった。しかし、赤ン坊のことを考えるとじっとしていられなかった。放置しておけば、赤ン坊の死につながる危険があった。二人は厳重に身固めをし、カンジキと懐中電燈を持った。用心のために、トシは自宅で飼っているスピッツを連れて、午前八時半に役場を出発した。途中、粉ミルクと砂糖を買い求めてリュックに入れた。「こんな吹雪の日に」と言われたが、二人は一心に歩いた。氷点下の吹雪の中は平地でも歩きにくかった。和賀川を越え、その地区に入ったとき、道で出会った地元の人に「こんな吹雪に女の足で山さ入るなんて危い。保健婦さん、やめなさい」と忠告された。しかし、どうしても赤ン坊のことが気がかりであった。風邪をひいて肺炎でも起こしたらどうするか。一つの命が危機にさらされているのだ。心配してとめる村びとを振りきって、二人は山道へ入った。

カンジキをつけても、二メートルの積雪では遅々として思うように進めなかった。つれてきた犬も役に立たなくなった。先に歩いた人の足跡も吹雪で完全に消え、息もつけないほどの風雪の中で、山道を見定めることは容易ではなかった。犬は、トシの足にからみつくばかりで動かなくなった。仕方なしにトシは、愛犬を抱いて歩いた。炭焼小屋へ辿りつけるかどうか不安になってきた。時間ばかりたって、すでに正午になろうとしている。

そのとき、二人は下から近づいてくる「おおい、おおい」という呼び声を耳にして立ちどまった。屈強な男たちが三人、真白になって不意に現われた。二人が山に入ったことを聞き知って追いかけてきたのだ。

どうしても赤ン坊のいる炭焼小屋へ行くと言い張るトシたちを、根負けした男たちが案内してくれることになった。二つの稜線を雪まみれになって越え、目的の炭焼小屋へ辿りついたのはそれから一時間ほど後だった。すでに午後一時をまわっていた。

若い夫婦は仰天した。トシたちは萱囲いの小屋へ飛びこんだ。藁を敷きつめた畳三枚ほどの小屋の中に、赤ン坊は寝かされていた。ふとんに包まれてはいたが、その顔は寒さで赤くなっていた。隙間から吹きこむ粉雪が、ふとんや赤ン坊の顔にふりかかっている。炭焼ガマは少し離れていて、小屋の中に火の気はまったくなかった。幸い赤ン坊には異常はなかった。お尻が赤くただれているだけだったので、トシはほっとしていた。

「こんな所で赤ちゃんを育てるのは無理なのよ。家でおばあちゃんに見てもらうようにしなければ」

二人は遅い昼食をとりながら若夫婦を説得した。若夫婦はうなだれて聞いていた。

「こんな吹雪の危い中を、こんな所まで保健婦さんに歩かせて、ほんとに申しわけない」

二人は、トシたちに深々と頭をさげた。母親は涙を流していた。

その赤ン坊は、おばあちゃんに見てもらうことになった。保健婦二人の危険な雪中行が、命の尊さを若夫婦に教えたのであった。その日、トシたちが役場へ戻ったのは暗くなってからのことだった（これから二十年後、二人はこの子の結婚式に招待された。父親は、二人を命の恩人だと紹介した）。

晟雄は、このことを聞き知って深い感動を禁じえなかった。こうした保健婦の活動の地道な積み重ねが、しだいに村びとを変えていっているのだと思った。

乳児検診の場へ晟雄が足を運んだときにも、保健婦や清吉たちスタッフの献身ぶりに頭がさがる思いをした。リヤカーに検診用のいろいろな資材を乗せて清吉が引き、そのまわりを保健婦や医学生たちがついていく姿を見て、晟雄は胸が熱くなった。荷台にはコンロや炭俵も乗せてあった。それで火を熾《お》こし、カストを載せて、注射器などの煮沸消毒をするのだった。乳児の体重測定は、木綿の大風呂敷を袋にしてそこへ入れ、ゼンマイ秤《ばかり》に吊るして量っていた。事前の連絡や会場の設営、来ない母親の呼びだし、医師の指示にもとづく事後の措置などで、大変な重労働であった。日曜日の検診のときなどには、わが子を背負ったトシの姿も見られた。

このような身を挺しての活動が、村びとたちの胸の戸をたたき、心を一つひとつひらいていくのだ。晟雄は、こうした人たちこそが新しい沢内を創りだしていくのだと思わずにはいられなかった。劣悪な条件を、少しでも改善してやりたい、人の手ももっとふやしてやりたい、晟雄は、清吉やトシたちの熱意にまだまだ応えきれていない行政の遅れを、痛切に反省せざるをえなかった。晟雄は、可能な限り乳児検診の現場へ足を運び、母親たちを励まし、命の尊さを説きつつ、逆に学んでいったのである。

清吉がまた新しいアイデアを持ってきたのもその頃のことだった。

「育児ということにもっと関心を持ってもらいたいので、考えてみたのでがすが……」

「ほう、なんですか、厚生課長」

清吉のニコニコ顔を見上げて晟雄は言った。最近、晟雄は村役場に課制をしいた。総務・財務・産業・厚生・土木の五課で、高橋清吉は主任から厚生課長になった。辞令を交付しようとした村長に、「俺が……課長すかや」と困惑した表情で、なかなか手を出そうとしなかった清吉である。清吉にとっては、一主任のほうがわが身にぴったりとくる。課長などという肩書は迷惑千万な話だったのである。しぶしぶ辞令は受けとったが、晟雄はいかにも清吉らしいと思った。

「おばあちゃん努力賞というものをこしらえて、孫の育児に関心を持ってもらうようにしたいと思うんです」

清吉は、母親だけの教育では足りないというのだった。一家あげて育児に関心を持ち、協力しあう態勢をつくりだすためには、まだ財布のひもを握っている姑《しゅうとめ》、つまりおばあちゃんの力が大きい。まだまだ封建的な家庭の中で、嫁である母親は一番に働き者であることが要求され、育児にそのしわよせが生じやすい。としよりが病院にかかることを我慢している空気が強いことも、若い母親への制約になっている。

「村長さんもご存じのように、県の健康優良児コンクールに、沢内からはとても代表を選べないような状態です。だども、少しぐらい発育が悪い赤ン坊であっても、その地区で相対的に優良な子については村として表彰して、そのおばあちゃんさも努力賞をやったら、家の中の空気もよくなるのではながすべか」

なるほど、と晟雄は思った。あの炭焼夫婦のことが頭に思い浮かんだ。まだまだ嫁である若い母親の立場は弱いのである。無知や因習を多く引きずっているのもとしよりであった。

「よし、やってみよう。それで嫁姑の関係もよくなって家庭が明るくなるなら、一石二鳥じゃないか」

「おばあちゃん努力賞」は明るい話題を呼び、効果がはっきりと現われた。副賞の座ぶとんも意外なほど喜ばれた。素朴な村びとの胸を、清吉はまた柔らかくとんとんとたたいたのだった。「家の孫の発育はなじょだべ。ミルク飲ませなくても大丈夫だべか」と保健婦にたずねるおばあちゃんが増え、保健婦たちの家庭訪問にも、母親とともに積極的に対応してくれるようになった。乳児検診の受診率も一〇〇パーセント近くにあがっていった。こうした努力の積み重ねが、死亡率の大幅低下となってあらわれたのである。

この昭和三十四年の成果によって、沢内村は県知事表彰と岩手日報賞を受けた。これは、村ぐるみの保健活動にはずみをつけるものだった。

これとほぼ重なって、自主的に新生活運動をすすめていた長瀬野地区が、全国六地区中第二位の評価を得て大蔵大臣賞を受賞した。

日比谷公会堂での授賞式のとき、審査委員長は次のように言った。

長瀬野は、この点が特にずば抜けているということがないにもかかわらずこの地区を推奨したいのは、運動が自主的であり積極的であること、人間形成に意をそそぎながら計画的に生産と取り組み、共同化への途をひらきつつあって、将来に大きな期待が持てる点である。推せん書の段階ではさほどに思われなかったが、現地調査に行って意外の感に打たれた。特に強く感じた点は、第一に、地区全体に民主的な気風が高まっていること。第二には、意識改革、生活改善、生産の共同化が調和的な発展を見せていることである。

長瀬野地区の活動指針を見ると、右の評価を生みだしたことがうなずかれる。それは次のような方法意識なのであった。

一、調査眼を持つ。
二、指導者は引率型ではなく演出型の役割を演じ、組織の能力をフルに引き出す。
三、運動は一過的な終着駅型ではなく、途中下車型にして常に新しい目標を置く。
四、三「せい」運動（一人一人がせい。皆でせい。話し合ってせい）。

晟雄は、長瀬野地区の活動が正当に評価されたことが嬉しかった。お上からの表彰をあまり好まぬ晟雄ではあったが、長瀬野の自主性、民主性が認められたのは嬉しかった。そして、そこには太田祖電教育長の力が大きく働いていると思った。地元の人びとの自主性や創意性こそが基本であることは明白であったが、祖電の包容力ある指導性を、晟雄はしっかりと見抜いていた。村じゅうが長瀬野のようになっていくとき、そこに真の自治の力は生まれる。晟雄は、自分の方法意識との合致を長瀬野の指針に見出して、心の深くから喜びを感じていた。

東北大学へ「日参」した晟雄の労苦が、ようやく報われるときがやってきた。いや、ようやくというよりそれは、意外な早さでやってきたと言うべきであろうか。

昭和三十五年(一九六〇年)の春、沢内村は若い独身の医師を迎えた。のちに晟雄が、「東北大学中村内科の鬼才」と言った加藤邦夫である。

しかし、彼が着任した当時は、「また三カ月交代の医者が来た」としか村びとの目には映らなかった。本人自身もそのつもりであったし、村長である晟雄も、まさか加藤が十五年もの長きにわたって献身するようになろうとは夢にも思わなかった。

医師、医学界に対して根強い不信感を抱きながら、なおかつすぐれた医師を求めざるをえないことは、晟雄自身矛盾であるとわかっていた。しかもその上に、自分が考える生命行政というものを理解してもらって活動してもらわなければ困る。新任医師に対して晟雄は、熱情をこめて訴えなければならなかった。加藤邦夫医師を迎えたときは、前年末に病院長が退職して空席になっていたため、彼に第六代院長に就任してもらう必要があった。八百万円という病院の累積赤字があり、月給やボーナスの遅払いがあるような状態で、病院の再建計画とあわせて新任医師を口説くことは難事であった。しかし、晟雄は連日のように加藤と話しあった。それは自宅で深夜に及ぶことも再三ある話しあいであった。

晟雄は、沢内村の悲惨な過去を加藤に伝え、自分の生命行政への夢を語った。

「人間に格差があってはならないのです。人間の生命や健康は、人間の尊厳の根本であって、それに格差がつけられることは絶対に許されないことです。だからわたしは、国民の生命や健康に関することは、教育問題と合わせてすべて国家の責任で管理すべきだという考えです。今すぐそれが叶わないのであれば、せめてこの村だけは村の責任で村民の生命と健康を守りたい。村民が病気にならないように、予防に重点を置いた保健活動を徹底していきたい。そうしてみんなが、安らかな自然死にたどりつけるようになれば、沢内村の貧困も解決できる、そう考えているんです。ですから、保健活動が主体で、その中に病院経営があり、医師の任務があるということなんです」

加藤は、話し合いが深まるにつれて晟雄の考え方への共感を深めていった。僻村の村長に、このような考えを持った人がいたという驚きと感動が、新鮮に加藤の胸を充たした。激しすぎる医師不信や大学批判に反論もしたが、一人の村長との出会いに、医の根本を教えられたような気がした。

二人の話し合いの中から、三つの基本原則が明確になってきた。その第一は、病気になってから治すのではなく、病気にならないようにしていく、そのようにカネも使っていく。第二には、病院の診断治療の設備を近代化し、人も拡充して、いい医療を提供して村民の信頼をかちとっていく。そして第三には、医療費が払えないということで患者が潜在化することを防ぐため、村が思いきって十割給付を断行する、というものであった。

若き医師が村長の理想をしっかりと受けとめて、長い道の第一歩を踏みだす一方、村長は本格的な生命行政の展開に向かって重い荷を背負うことになった。とりわけ晟雄にとって、医療費の十割給付、いわゆる無料化は、自分で言いだしたことながら、あまりにも遠大な理想に思われた。しかし、岩手県には割引診療というさきがけがあった。それを十割引きにすればよい。晟雄は腹をくくった。カネがあってやるのならば誰にでもできる。カネがないからできない、ということも現実逃避の誰もが口にすることだ。道のないところへ道をつける、その正念場が接近している、と晟雄は内心でふるいたっていた。

加藤邦夫は、沢内病院の第六代院長に就任した。三カ月で大学へ戻るつもりでいた腰掛け気分は消えていた。どこまでやれるかわからなかったが、地域医療の理想像に向かって、自分なりに納得のいく実践をはじめたいと決意していた。

そうした加藤を強く激励したのは、横手市にある平鹿総合病院長の立身政一であった。当時すでに平鹿総合病院は沢内病院の親病院になっており、深沢村長の要請で一名の外科医が派遣されていた。

加藤が着任した翌月の四月、日本じゅうが日米安保条約改定反対で騒然となりつつある頃、彼は立身院長と会った。深沢村長に案内されて病院に現われた立身院長は、加藤の手を両手で握りおさえ、

「思う存分やってみなさい。何か問題があったら、いつでもわたしの所へ来なさい」

と言ってくれた。若い新米院長は感激してしまった。わきで微笑している深沢村長の配慮でもあると思った。

加藤は間もなく、横手を訪れることになる。薬剤師、栄養士、臨床検査技師が欠員で、看護婦も極度の人員不足であったから、病院の態勢は大きく欠けていた。とりあえず、なんとしてもベテランの看護婦がほしかった。

「先生、早速お願いに参上しました」

「やあ、やあ。なんだろう」

「実は、看護婦さんを貸していただきたいのですが」

立身院長は大きくうなずいた。

「よし、高看一名、すぐ出してあげよう」

と、即座に言ってくれたのだった。

「ありがとうございます」

思わず最敬礼をした加藤に、

「いやいや。わたしは深沢村長さんの村政顧問ですからね。これからも何かあったら、遠慮なしに来て下さい」

温かく心に響く言葉だった。

加藤はその後、しばしば立身院長を訪ね、指導と援助を乞うた。深沢村長と深い信頼に結ばれた立身院長は、沢内病院のために助力を惜しんだことは一度もなかった。耳鼻科医、産婦人科医、眼科医も、週一回派遣してくれるようになった。また、先に派遣されていた外科医への指導も兼ねて、院長自身月に一度は、胃や腸の手術に来てくれた。若い加藤にとって、立身院長の存在は大きな支えであり励ましであった。

沢内病院は、しだいに村民の信頼を回復していった。


日米安保条約の改定をめぐって、のちに「六〇年安保闘争」と呼ばれる反対闘争の潮は、岸内閣が倒れるとともに引いていった。そして池田内閣が登場し、池田首相は経済の高度成長・国民所得倍増などの新政策を発表した。

この時期、晟雄は、老齢者への国保十割給付の実施を具体化すべく、佐々木助役や厚生課長の清吉に作業を命じていた。

年齢を何歳以上にするか、入院・外来すべてを対象にするか、無料化によって受診率がどう上昇し、その負担額はどれほどになるか、乳児も含めた場合はどうか、といった点についての検討がすすめられていった。

清吉は、深沢村長の英断を心から喜んでいた。作業をしながらも心が躍ってならなかった。割引診療をやめさせられている現実にさからって、村長はやろうとしている。苦しい村の財政でありながらやろうとしている。大変な困難が待ち受けていることは明らかであったが、深沢村長なら必ず断行するだろう。いかにも反骨の村長らしい。清吉は、長いこと願ってきたことが実現されようとしている今の刻々に、その具体化の作業に従事していることを幸せに思った。

積年の貧困に根があるにせよ、医者にかかることを恥とする考えや、医者にかかればカマド返し（破産）だと思う老人や主婦はまだまだ多かった。あきらめ型、がまん型の患者をどうかして無料診療してやりたい。医療の恩恵を、すべての人にひとしなみにゆきわたらせたい。それは清吉の悲願でもあったのである。

国保運営委員会への諮問案が固まった頃、清吉は二階の村長室に呼ばれた。

「やあ、厚生課長、掛けて下さい」

すすめられて清吉が腰をおろすと、深沢村長はすぐ言った。

「厚生課長、実は病院の事務長を兼務してもらいたいのです。国保の職員をつれて、病院のほうへ移って下さい」

清吉は仰天した。あまりにも突然のことだったのでうろたえた。九月に病院の金庫が盗難にあい、事務長が辞職して空席になっていたのだが、そのお鉢が自分へまわってこようなどとは思ってもいなかった。

「役場をやめれっていうことすか」

うろたえた清吉は、少し気色ばんでそう言ってしまった。

「そうじゃない。課長を追いだすのではない。あんたを信じての人事だ。こんど来てくれた加藤先生は、若いが実に立派な医師だ。何も心配することはない。病院をぜひとも再建したいのだよ。これまで課長の言うことは、どんどん実施してきたし、これから病院へ行っても、課長の思うようにやっていいです。責任はわたしがとるから」

深沢村長は、さとすように言った。しかし清吉は不服であった。

「村長さん、わたしは前に診療所の事務長をしたことがありますが、村長と院長と二人主人を持ったようで悩んだことがあるし、それにわたしには病院勤務は不向きでがすから、どうか事務長は別な人に……」

そのとき突然、深沢村長の表情が険しくなった。村長は黙ったまま机の引出しから辞令を取りだした。そして、きびしい目で清吉を見つめながら辞令をつきつけ、

「助役や収入役、課長たちに挨拶して、役場を整理して病院へ行きなさい」

声は低かったが、烈しい口調だった。清吉は大声で叱責されたように感じ、何も言えなかった。あとにも先にも、これほどこわい村長に接したことはなかった。

清吉は、国保担当の職員をつれて病院へ移った。村長に対し甘えたことはよくなかったと反省された。また、村長には村長の考えがあってのことだろう、と思った。

村長の考え、それはたしかにあった。加藤院長との話し合いの中で、行政組織と病院組織の改革問題が浮かびあがっていた。また、行政と病院の結合という課題も、生命行政の展開の上で絶対に解決される必要があった。保健活動と診療活動を固く結びつけなければ、晟雄のめざす生命行政に血は通わないのである。清吉の事務長兼務は、たんに空席を埋めるというだけでなく、組織改革への過渡の一段階という意味を持っていたのである。

晟雄はこの翌年、盛岡で行なった講演で次のように言っている。

「病院といいますと、病気になったら治してもらえるところ、いわゆる治療だけが任務というふうに考える。保健というと、病気にならないよう、健康になるように活動するんだという考え方、したがってこれが別々のしくみになっておる。実はすでにこうしたところに考え方の誤りをきたしているわけでございます。もう治療行政、いわゆる病院というものは、これは保健活動の中の一作用に過ぎない。私は二本立のものの考え方はとらない。保健活動――保健行政一本でよろしい。その保健行政の一つの具体的分野として病院というものがあり治療するんだ、という考え方、それが非常に大切であろうかと思うわけでございます。病気になった時だけ病院が必要なんではなくて、病気にならないようにするのが病院の本当の役割なんだ、もう病院の必要がないようにするんだ、というところにもう一切の焦点をしぼらなくちゃいかん。
実は、過去においては私の村においても、保健行政を担当するものと病院の先生方との間に意見のくい違い、村の保健婦と病院の看護婦間にも考え方の違いがあって、保健活動が容易には軌道に乗らなかったのでございます。それで、私の村におきましては、厚生課長に病院の事務長を兼務させ、保健婦の勤務場所は病院内に、という形にしております。院長はむろん、保健活動が病院の責務であるという自覚に立っておる方でございますから、保健婦たち、厚生課の職員連中のよき相談相手であり、そうなって参りますと、もうぜんぜんいざこざなどおこりようがない。かえって病院長が村内各地をまわって歩いて、病気にならないための、また病気に対する啓蒙運動、そういう類の座談会等に出席、一体となって努力いたしているような状態でございます」

これが、深沢村長の考えであった。そしてもう一つ見逃されてならないのは、清吉やトシらが意識しないでも、彼らの一途な活動が医師を逆に教育する、という作用である。晟雄がひそかにそれを期待していたと想像することは十分に可能である。

清吉が事務長を兼任してほどなく、一大難事がもちあがった。

晟雄は、国保運営委員会での協議の結果に立って、とりあえず六十五歳以上の老齢者に対し、十割給付（沢内病院での外来診療の無料化）を断行する意志を固めていた。そのため、村議会に対する提案も、国保特別会計の第二次更生予算案として準備していた。

この時期、佐々木助役と清吉は岩手県庁に出かけ、県の厚生課長に深沢村長の決断について説明した。ところが、この措置は国保法に違反する、村の条例も五割給付になっている、と指摘されたのである。

「深沢村長のお考えはよくわかるし、すばらしいことだとは思いますが、もし仮りに、医師会あたりから訴えられたら、これはもう明らかに法違反ですからねえ……」

県の厚生課長は気の毒そうに言った。佐々木も清吉も唸ってしまった。

「なんとかいい方法はないものでしょうか」

佐々木はすがりつくような思いで言った。

「困りましたねえ。とにかく法に反することは明白なんですから。深沢村長がそれでもおやりになるのかどうか、とにかく村長の腹はどうなのか、帰って聞いてみて下さいよ」

二人は、暗然として村へ帰った。何かいい方法はないかと、道々考えたが名案は浮かばなかった。

二人は車中でも唸りどおしであった。

「村長さん、大変なことになりました」

佐々木と清吉は、県の見解を村長に伝えた。すると村長は、椅子の肘を掌でたたいた。

「沢内村がこれをやらなければ住民が生活できないものを、これをやって裁判されるなら受けて立ちましょう。憲法に照らして、わたしは絶対に負けない」

深沢村長の目が光った。

「わたしはね、そんなことはまったく意に介さない。医師会が行政訴訟を起こしても引っこまない。そもそも、税金を基準以上に高くすることは違法であっても、自治体の事情によって住民のために安くすることのどこが悪いんだ。これは自治体の自由でしょう。限界を越さない限りにおいては、国家といえども拘束すべきものじゃない。本来は国がやるべきことをやっていない。だから沢内がやるんだ。国は必ずあとからついてくる。いいから、村長は断固としてやると言ってると、県に言ってきなさい」

佐々木と清吉は、深沢村長の信念の強さに感激し、勇気が湧いた。二人はまた県庁へ出向いて、深沢村長の意志を伝えた。

厚生課長は緊張した表情になった。

「そうですか。深沢さんという方はすごい方ですね。わかりました。なんとか法に触れないような解釈を考えてみませんか」

県の厚生課長は一転して、小村におけるこの実験ともいうべき先駆的政策を、なんとかして無事に誕生させようと協力してくれた。深沢村長にしても、自己の政策を法に抵触せしめないような論理化が必要だと考えた。

昭和三十五年十二月一日の村議会で、それは次のような答弁となって表明された。

「これは条例違反であるというお話がございましたが、これは十分我々も研究した問題でございます。県や国保連ともいろいろ相談いたしました。

そこで、いわゆる建前といたしましては、私どもはどこまでも保健活動の一環であるという場合においては、これは条例違反にはならないと。いわゆる、六十五歳以上のものに対して、常にその健康を把握しておって、そして病気にならないように予防的な措置を講じてゆくという、保健活動でございます。病人をすぐに治すんだという表の看板じゃなしに、病人やとしよりが、この人はどこが弱いか、どこにこの人の過去の疾患があるか、いろいろその状態を精密に把握しておって、そのとしよりに前もって予防措置を講じていくという、保健活動の一環としてこの問題をやっていくんだと、これが表の看板でございます。しかしながら、実際におとしよりが病気しておる場合においては、保健活動の前提にもなるわけでございますから、当然それの延長といたしまして、まあ、範囲を広げまして治療はもちろんしなくちゃいかんと。建前自身はあくまでも治療だというふうな考え方じゃなしに保健活動だと、その中において起こってくる治療の問題だというふうな考え方でございます。これでございますと、条例違反にはならんようでございます。

ただ一つの問題といたしましては、そういたしますると、補助金を貰えなくなってくる。これがまた、貰わないほうが馬鹿くさいわけですから、その辺の運び方については、また別に考えていくというずるい考え方に立っています。形式的には条例違反にならない説明を加えながら、そして実際問題といたしては補助金は頂戴すると、こういう建前になっておるのでございまして、いささかこれは、理論的に論戦をいたしますれば、これは当然条例違反の疑いはありうる問題です。

いわゆる、この説明をそのようにもっていくというところにミソがあるのでございまして、この点について、県官側とも了解がついて踏切ったわけでございますので、あまり明確な論旨じゃございませんけれども、まあ、本村の実情等を勘案いただいて、御諒解《ごりょうかい》をいただきたいと左様に考えるのでございます」

この答弁に対して、さらに質問が浴びせられた。村の広報には「無料診療」とうたっているではないか。注射・投薬すべて無料だとあるが、これは明らかな診療行為である。予防ではない。この政策については結構なことであるが、立法の根拠は明確にしてもらいたい。

深沢村長は再び答えた。

「この問題につきましては、私も非常に苦しみながら答弁をいたしたわけでございます。それで、私はいま申し上げましたように、条例違反の疑義はもてるというふうな表現を使ったのでございますが、さらばといって、私がこういう問題をやる場合に、村長として条例違反ではあるけれども、俺はやるんだというふうな表現も出来にくい点も御諒察をいただきたい。

保健行政というものは生命が問題なだけに、我々は非常な重点を置かにゃいかんと。それでまあ、最初は乳児のほうをとりあげ、それからこんどはとしよりをとりあげて、そして漸次《ぜんじ》、あるいは夢物語になるか知らないけれども、全体について健康だけは我々が完全に握っていくんだと、住民諸君はこれにあまり心配しなくてもいいんだというふうな、そこまでもっていくことは福祉国家の当然の帰結でなくちゃならないと。そういう理想図を夢見ながら漸次一歩一歩と、問題を可能な限りにおいてやりたい。それまでの間には、こうしたどこかに理論的に突いて参りますれば、非常に困難な説明になりかねない場合もあるんです。あまり議会で説明せずに、どこまでも条例には十分だというふうに説明を申し上げるのが正しいかもしれませんが、私は由来正直な男でございますから、はっきり申し上げたわけでございます。(笑)」

この議場に発生した笑いのあと、新たな追及はなかった。そしてこの提案は可決された。日本で初めて、六十五歳以上の老人の医療費無料化が、こうして実現したのであった。わが国の医療福祉の歴史において、この奥羽山中の一寒村がしるした第一歩は、雪の上にくっきりとついた足跡のように、いつまでも鮮やかに記録されていくであろう。


年があけて昭和三十六年（一九六一年）。

深沢村政は、その困難に満ちた第一期の終りを迎えていた。

晟雄は、もう一期、村政を担当したいと考えていた。沢内村の三悪追放のために全力をあげてきたが、その根幹となる生命行政は、まだ緒についたばかりであった。ここでやめるわけにはいかぬ。まだまだしなければならないことが山積している。

「四月の選挙、立つからね」

元日の朝、雑煮を食べながらミキに言った。ミキもそのことは覚悟していた。かつての夫からは考えられないほど、村長になってから性格が丸みを帯びてきた。本人の努力の結実なのであろうが、村びとのことを思う熱情には、ミキも敬服していた。このまま引きさがれない気持は十分にわかった。

「体だけはこわさないようにして下さいね。あなたは生命尊重を説くくせに、ご自分のこととなったらまったく医者嫌いで、困ったものです」

「わたしはまだ五十五だよ」

晟雄は苦笑していた。ミキの言うように、晟雄は医者嫌いであった。寝れば治ると言って病院に行こうとしない。予防医学、早期診断早期治療を説く晟雄にしては、「紺屋の白袴」のそしりを免れない。だがそれもまた元気の証拠として、ミキは余りうるさくとがめないことにしていた。

この年の二月は、記録的な豪雪となった。八日から降りつづいた雪は十六年ぶりの大雪となり、役場や病院のある太田地区で三メートル五十センチに達した。十日間、やむことなく降り、しかも吹雪となったのである。二階の軒につるしてあった大根の干葉さえも、なかば雪に埋もれた。太田祖電の碧祥寺《へきじょうじ》本堂は、さながら小山のようになり、兎がてっぺんで跳ねておったと彼は笑った。

雪の重みで送電線が切れ、それでなくても雪囲いで昼も暗い家の中が、ロウソクの火を頼りに暗く沈んだ。ごうごうと鳴る吹雪の叫びを聞きながら、じっとうずくまっているとき、雪国の宿命感がよみがえる。白い魔に埋めこまれてしまうような恐怖が、家がきしむたびに走る。

この冬、村のブルドーザーは二台になっていた。県から配置された一台と合わせて三台がフル回転で県道の除雪にあたった。除雪するすぐ後にどかどかと雪は降り、吹雪による吹き溜まりもあって、交通が途絶する日もあったが、湯本から貝沢までの二十八・四キロの県道は、ほぼ全線にわたって除雪され、牛乳の集出荷をはじめ冬季の滞貨はついに解消された。

あとは難路で名高い山伏峠を越え、隣りの雫石町《しずくいしちょう》を経て盛岡へと、冬季でもバス路線が確保されること、そして幹線村道の除雪、という課題が残っていた。幸い沢内村の民間運動として起こった雪とのたたかいが近隣の自治体を動かし、盛岡市、雫石町、湯田村、そして沢内村による「機械除雪協力会」が結成されていた。

明るい見通しはあった。そのため、この年の大雪で被害は受けたが、村びとの団結の力で雪に負けない沢内村の根性が発揮された。四年前の状態と較べて見るとき、そこには村びとの自信という点で、最も顕著な変化が確認されるのであった。

晟雄は、豪雪の中で新年度の予算案を練った。彼は、国保十割給付の対象を、六十歳以上の老人と、満一歳未満の乳児に拡大することを決断した。総予算四千八百三十七万円のうち、自主財源は九百二十万円しかない。そのなかで保健衛生費を二百七十一万円計上した。前年度より一挙に二百二十四万円もの増大であり、そのうち二百十万円が十割給付のための繰入金であった。それとともに、農政にも重点配分を行なった。ブルドーザーによる開田や土地改良は進んでおり、貧乏追放のための努力も少しずつ結実しつつあった。

三月の議会でこの予算案を成立させると、四月三十日の村長選挙に向かって、沢内村の政情はにわかに動きはじめた。

就任当時、派閥解消を唱えた晟雄であったが、現実には派閥はなくならなかった。やみくもな感情的対立は消えたものの、反深沢で結束する一派が、選挙を間近にひかえて動きだしていた。晟雄の思い切ったやり方や、遠大な考え方、その方法意識などに感覚的な反発を抱く有力者も多くあった。晟雄の毒舌も、それを助長させるところがあった。長い間にわたって政争を激しくくりかえしてきた村が、僅か四年では脱皮できなかったのである。

二つの渦が、激しくぶつかりはじめた。晟雄は、この選挙には絶対に勝たなければならないと思った。せっかくここまで芽生えた新生沢内の芽を、なんとしても成長させたい。自分がもし敗れるようなことがあれば、また再び理のない政争にあけくれる村へ戻ってしまうことだろう。政治の争いは政策でもって堂々と行なわれるべきものであることを、この選挙を通して明確にし、前近代的な派閥の息の根をとめなければ禍根を将来に残すことになる。晟雄は意を決していた。必勝の意気に燃えていた。

四月二十三日、村長選は告示された。届出は深沢晟雄と、元村長で森林組合長の照井清の二人だった。

沢内村としては十年ぶりの競争選挙となった。四年前は徒歩による選挙運動であったが、こんどは小型トラックが使われた。

対立候補の照井は村長経験者であり、村議会議長、農協専務なども勤めたことがあり、現在は森林組合長の要職にあって、村民の支持基盤も強固だった。晟雄にとって侮れない強敵であった。

村を二分しての激しい選挙となった。

「百姓をしたこともない者に百姓の気持がわかるか」

「病院の赤字は増大しており、深沢は沢内村のカマド返し村長だ」

相手陣営から激しい批判が浴びせられた。これに対して晟雄は、「生命行政」一本槍でたたかった。

「いまの世の中は、生命さえ商品扱いであります。生命の商品化は絶対に許されません。人間尊重、生命尊重こそが政治の基本でなければなりません。

私はまずもって、沢内村の野蛮条件の解消こそが、すべての行政に先んじて行なわれなければならないと思います。生まれた赤ちゃんがコロコロ死んでゆく、ここはニューギニアの奥地ではないんですよ。月ロケットが飛ぶ時代に、雪道をテクテク歩かねばならんということなど、まったくの時代錯誤でございます」

晟雄は、街頭でも個人演説会でも、生命行政一本槍でぶちまくった。豪雪と格闘しての冬季交通確保、県下一の乳児死亡率低下、国保十割給付という実績を背景にしてのたたかいではあるにせよ、晟雄の戦法は危険であった。

側近がしきりに、農業や建設問題など、いわゆる票になる公約も掲げるようすすめたが、晟雄は頑としてきかなかった。

「この問題こそ、沢内村の後進性、貧困を解決する最大の環です。これが解決すればすべての解決につながるんです」

晟雄は、陣営内部の危惧や動揺をよそに、そう言ってゆずらなかった。

佐々木助役も心配になってきた。選挙中に県庁へ出張したとき、橋とか道路のスローガンもつくらないと危いという助言をある県幹部から受けた。佐々木が事情を話すと、

「それじゃ負けるかもしれないなあ。もったいない村長だのになあ」

と嘆息していた。

佐々木は最悪の事態も覚悟していた。深沢村長が敗れたら、自分もやめるつもりだった。相手陣営は、一般受けする立派な公約を掲げていたし、宣伝の仕方も一枚上だった。当初は勝利を確信していたが、入ってくる情報はしだいに悪くなっていた。青年たちの応援に勇気づけられてはいたが、心配で心配でならなかった。照井富太も、家業を放りだして一週間家をあけて奮闘した。相手陣営には北島がぴたりとついていた。その力が恐ろしかった。

「カマド返し村長」という悪宣伝が、予想以上に滲透していた。現職であり、実績があるからと安

閑としていられなかった。しかし晟雄は、自己の政治哲学を説き、生命行政一本の態度を崩さなかった。

「私は、村民の生命を守るために私の命を賭ける」

そうまで晟雄は言い切って、早春の村内をくまなくかけめぐった。「有史以来の大激戦」と、のちに太田祖電が言った七日間の選挙戦が終った。

四月三十日の投票日、投票率は九〇・一パーセントの高さに達した。その夜、午後七時半から開票がはじまった。深沢村長宅が選挙事務所になっていて、そこには開票の結果を見守る運動員や支持者がつめかけていた。

第一回の発表で照井清が僅かにリードした。選挙事務所は重苦しい空気に包まれた。互いにはげましあっても、それは空元気のようにしか思えなかった。だが、第二回発表で逆転との報が入るや、事務所は一気に沸いた。そして最終結果は、万歳の歓喜によってむかえられた。

深沢晟雄　一七八六票
照井　清　一四八一票

この差僅かに三〇五票。きびしい結果であった。

もしこの選挙で晟雄が負けていれば、現在の沢内村はなかっただろう。この選挙以後、村内の派閥抗争は鎮静化し、晟雄説くところの挙村一体態勢が生まれていくのである。

翌五月十日、晟雄は第十九代沢内村長に就任した。晟雄が敗亡の身で帰村してから十五年目の春であった。

第七章　道　標

二期目の村政を担当して間もない夏の頃、晟雄は、岩手国保連主催の「保健活動事業夏季大学」に招かれ、そこで二時間に及ぶ講演を行なっている。「沢内村における保健活動」と題したこの講演は、晟雄の政治哲学を知る上で第一級の資料価値を有している。これまでにもしばしば引用し、敷衍《ふえん》もしてきたが、ここにその概要を紹介しておきたい。

晟雄は冒頭で、保健活動には、その基本的考え方の基盤、思想がなければならないとし、保健活動が国家あるいは国民にとってどのように位置づけられるべきか、と問うている。晟雄は、「原始的共産制」から「民主主義的な国家体制」へと至る国家論を展開した上で、人間には「生殖の本能」と「食べて生きる本能」という二大本能があり、これを人間社会において調整するところに国家の最大任務がある。国家作用の一切合財は、この二大本能を満足させるための手段にすぎない。その手段の中で最も大事なことは、生命と健康に関してである。そして次に教育の問題である。この二つについては当然国家が責任を持たなければならない。国家統制とか国家管理という言葉は嫌いだが、国が絶対に責任をもつべきである。そのために共どもに政府に対して反省を求め努力していこう。

次に晟雄は保健活動と医療活動の一本化を説き（前章で引用）、さらに医師・医学界に対する痛烈な批判を展開している（第五章で引用）。

続いて晟雄は、沢内村における三悪追放のとりくみについて、豪雪とのたたかい、病気とのたたかい、貧乏とのたたかいに触れ、それを村ぐるみ、村民自身の活動にしていくためには、教育活動が極めて重要であると説いている。そして、国保十割給付について、次のように述べている。

「初めに申し上げたような考え方から致しまして、国で責任を持つのが本当だ。とはいっても、国が責任を持たないものを、それまで待つわけにはいかんから、市町村がその努力をすべきである。これが第二段階としての私の理論の展開でございます。それが只今保健活動の一環としてやっております、六十歳以上の方々の早期診断、早期治療の実施でございます。診断はむろん、治療もタダでして上げるわけでございます。一歳未満の赤ちゃんについても無料でございます。

実は、年齢層を問わず全住民に実施致したいのでございますけれども、先立つものはカネでございまして、とても全人口に及ぼすわけにはいかない。それで段階的に、私はまず双方の弱い面、赤ちゃんと老人をとりあげてみたわけでございます。ここで、老人をとりあげた理由を若干申しあげたいと思います。実は、私から改めて申しあげるまでもないんでありますが、六十歳以上の老齢者ともなって参りますと、たとえ生活が苦しくなくとも遠慮がちでございます。自分の子どもを考え、自分の子々孫々のことを考えますと、もう墓場近くなっている者が、ちょっと風邪をひいたぐらいで、ちょっとおなかが悪いぐらいで医者を頼むのも、経済的につまらん話だ、まあ我慢しておけ、経済の主体をなしている時代と違い、いわゆる自分が余計者だ、という感じをお年寄りが持ちがちでございます。私はそういう考え方に対し、人道主義的にも同情を禁じ得ないし、また、そういう感傷的な道徳主義ばかりでなしに、年寄りを大事にしなければ、いろいろの秩序というものが生まれて参りません。誰もが辿る年寄りへの運命であってみれば、その年寄りを生産能力がないからというので粗末にする、そういう風潮が一家の中に出るようでは、社会自体も無秩序の状態になる。村全体もそういう秩序のない村になりがちでございます。私は政治の面から、そういう狙いもあったわけでございます。

年寄りを姨捨山《うばすてやま》へ送るような考え方が、若い人やお嫁さんの中に出てくるようでは、もうぜんぜん問題にならん。もう人間尊重の精神とか、民主主義とか唱える資格のない者でございまして、私はどこまでもお年寄りというお気の毒な方々、自分の生命という一番大事なものにすら遠慮なさっている、生産能力をもたない方々、こういう方々に最初の段階としてしぼったわけでございます。ところが、私どもが想像していたことではありますが、年寄りの病気の多いのに驚いているわけでございます。おおむね、以前の三倍ぐらいの病人が出ております。これは今まで遠慮していた証拠でございます。今まで姨捨山のきらいがあったんだ、そういう気風というものを、知らずしらずの間にわれわれは作っておったのかと、今さら慄然《りつぜん》と致しているわけでございます。人間尊重を建前とする、民主的な政治を強調する者として、まことに慚愧《ざんき》に堪えないしだいでございます」

晟雄はこのあと、財政が好転したなら全村民を対象にしたい構想であること、その一端として、現在二千名の村民をモデルとしてとりあげて、徹底的な健康管理をすすめる方針であると語った。そして、どんな困難があろうとも十割給付は続けるし、総予算の一〇パーセントは保健関係へ向けたいという決意を披瀝《ひれき》している。

大事な保健婦の増員、保健委員会の役割を強調した上で晟雄は、過般の村長選の経験から、他の市町村長に対し、人気とりだけやるようなことでは保健活動は育たないこと、そのような性根は叩きなおす必要があることを辛辣に指摘し、返す刀で、保健活動に認識のない医師をも批判している。

そして晟雄は、二時間に及ぶ講演の最後を、次のようにしめくくっている。

「最後に、私の話の結論を申しあげたいと思います。現況においては一ぺんにできませんが、即ち、国家の方に比重がかかる方向に、カネを出すという方向に、いわゆる国家管理の方向に、そのための医師の統制問題、大学制度の改造問題、こういうことをわれわれは声を大にして世論化せねばならない。そうすることで、国家としても保健問題にもうちょっとカネを出さなきゃならん、大学が封建制の牙城であるならば、これに掣肘《せいちゅう》を加えなきゃいかん、ということになりましょう。また医者が僻地には行かん、僻地に行くんだったら、カネを二倍も三倍も貰わなきゃいかん、というようなことじゃ、これでは国の政治としても成り立たんから、医者の配置についての国家の権限の強化も、漸次考えて参りましょう。

それには、われわれの世論の力がなければ絶対にできません。おそらく、社会党が政権をとったにしてもなかなかそうできないだろうと思われます。ましてや自民党においては特にその感が深いのでございまして、世論が高い場合にのみ、政府がすこうしずつ前進するようでございます。でございますから、われわれ保健活動に関係しているものは、あらゆる機会に、われわれの主張を強調しておくことは極めて必要であろうと存じます。実は私は、もう会う人毎に、東京に行けば東京で、仙台に行けば仙台で、友人に会えば友人にといった具合に、開業医の批判と大学批判、それから厚生省批判を致しております。そして私の持論の、生命健康の国家管理、国家の責任における管理論というものをぶちまくって、啓蒙に努めているようなしだいでございます。

私の村では大体滲透してきたようでございます。各市町村においても、もしこの私の考え方の中にとるべきものがありますれば、お帰りになりまして、沢内の村長がこういうことを言っておった、暴論かもしれないけれどもどういうもんだろう、というふうに、それぞれの会合の場合に御批判のタネにしていただくならば、甚だ光栄に存ずるわけでございます。もう何にしましても、一切合財、われわれは団結の力でなければ突破はできません。個々ばらばらではいけませんので、みなさん方の仲間と致しまして、私も保健活動の一翼を担う戦士の自覚を持ちまして、みなさんと共どもに前進、挺身致したい所存でございます」

晟雄がこの講演を行なった時期は、沢内村における「地域包括医療」の実施計画が立案の過程にあった。この検討は、加藤院長の着任翌月から、昭和三十七年（一九六二年）三月までの二年間にわたった。この間、通算二十四回の討議が行なわれたのである。

与えられた人間の生命が自然死に到りつくまで、その生命を尊重するのが村の責任であるとする晟雄の理念と、加藤院長の専門家としての理想が、沢内村の現実に立脚して結合していく過程でもそれはあったのである。加藤院長が最も腐心したのは、沢内村という共同生活圏としての地域社会に、その特性にマッチした最善の健康養護の努力を展開するために、最高の水準の予防、治療、社会復帰をいかに有効適切に導入するか、ということであった。

国や県の施策の不十分さ、村財政の困難、現に重石となっている病院の赤字、こうした現実に立ちながらなおかつ理想を追求する計画の策定には、粘り強い意志と情熱を必要とした。

こうして晟雄の理念は、専門家（医師）の力を得て理論的に体系だてられることになった。計画の第一目的は、幸福追求の原動力である健康を、人生のあらゆる時点で理想的に養護すること、その達成のための第二目的は、生存地域社会環境（自然的環境・社会的環境）の健全性の開発向上、というものであった。第一目的を具現するため、次の三つの目標が設定された。

① すこやかに生まれる（健全な赤ちゃんを産み育てる）
② すこやかに育つ（心身ともに強靭で、聡明な人づくり）
③ すこやかに老いる（健康態老人づくり、不老長寿、生存限界年齢・自然死への接近）

そして、これらの目標を実現するためには、誰でも（どんな貧乏人でも）、どこでも（どんな僻地でも）、いつでも（二十四時間、三百六十五日、生涯にわたって）、学術の進歩に即応する最新、最高の包括医療サービスと、文化的な健康生活の保障を享受することが必要であるとされ、そのために、沢内病院と沢内村自治体の体質改革、村民の自己健康管理能力の向上という改革目標が設定された。この上に立って、考えられるあらゆる関連部門の具体計画が立案されたのであった。

この計画は、いわゆる沢内方式の医療の根幹をなすものとなり、以後の生命行政はこれを基にして展開されることになった。村長を先頭にしての全村あげての努力の結果であったが、この計画の策定にあたって加藤院長の果たした役割は極めて大きいものがあった。

晟雄の講演にもあったように、六十歳以上の老人の医療費を無料化してから、患者は急激にふえた。これまで家族に気がねし、じっと我慢していた老人たちが、病院の待合室や廊下にあふれた。これまで近代医療の恩恵にあずかれずに死んでいった沢内村の老人たちにとって、タダで医者に診てもらえるということは革命的な福音であった。

家の中、村の中が少しずつ明るくなりはじめた。早く診てもらって早く治す、という考えが、しだいに新しい常識になっていった。だが、その反面として、一部にいわゆる乱受診という現象も起きた。「どうせタダだから」ということである。なかには、まったく一銭も持たずに来院する村民もあり、窓口における未収金が増大していった。病院側は、村民との対話を重視し、せっかく病院へ足を運ぶ村民を突きはなすことがないように、粘り強い話しあいで蒙を啓いていった。

一方、乳児の健康管理診療もすすみ、すこやかに生まれ、すこやかに育つという目標が、乳児の分野で前進を見せはじめた。平鹿総合病院から週一回の産婦人科医出張で、妊産婦検診も軌道に乗った。晟雄は、清吉やトシたちに、機会ある毎に乳児のことをたずねた。村内の赤ちゃんの実態を、ほぼすべてつかむところまでいったのである。

昭和三十六年から三十七年にかけて晟雄は、給費派遣による看護婦養成、出張診療、巡回診療、歯科検診、川舟診療所の新築、二千円の助産費支給、巡回診療車・雪上車の購入など、可能な限りの手を打っていった。

また、村内死亡率のトップを占める脳卒中をなくすため、血圧の測定を成人全村民を対象に行なった。受検率を高めるため、昭和三十七年七月一日の参議院選挙の投票日に、各投票所毎にわかれてそれは行なわれた。この結果、成人の六割近い二千百二十五人が検査を受けた。このうち、高血圧と判定された者は五百八十人にも達した。予想していたとはいえ、かなりの高率であった。

そこで引き続いて、八月二十日から六日間、高血圧者はもちろんのこと、再び全村民を対象に、心電図検査、尿検査、眼底検査などの精密検査を行なうことにした。この検査をふつうの病院で受けるには、千三百円ほどの費用がかかるのだが、晟雄は思い切って全額村費負担にする指示を出した。この第二次検査は、村内十カ所に移動して行なわれ、八百九十五人が受検した。このうち、高血圧者と認定されたのは四百三十五人であった。直ちに治療を要する者が、その中に三十三人もいた。

晟雄は、継続的な巡回検診の必要を感じた。高血圧者の台帳を整備し、保健婦による継続した測定と健康指導を行なうことが決定された。沢内村は岩手県にありながら、奥羽山脈のふところ深く秋田県に接しているため、昔から秋田の文化圏との重なりを見せていた。気候風土も日本海型で、冬季保存食として塩蔵食品を多くとりがちであった。そのため岩手県内にあっても脳卒中の発生が高かったのだが、検査の結果は憂慮すべき実態であることを示していた。食生活や住居の改善も重要な課題として浮かびあがってきた。

食生活の改善については、以前から指導啓発を重ねてきたところであったが、住居の改善はまったく新しい課題であった。

加藤院長は、沢内へ来て冬の往診に回るようになって住居のひどさに驚いた。当時のことを、のちに次のように言っている。

「往診して診察する際に、寒くて裸にできないんです。裸にしてみると、なぜか肺炎になっちゃうという状況です。とにかく床板は隙間だらけ、天井はなし、戸は締まらない、そういう所に平気で住んでいるんです。薪ストーブをたいて、前はカッカと熱くても背中は冷やひやする。室内風速は秒速四十センチという測定値でした。それから室温は零下四〜五度という寒さで、しかも陽の当らない暗い所に寝部屋があって、じっとりと湿っている中に寝ている。それから、雪囲いというのをします。だいたい十一月の末から五月ごろまでは、家を萱で囲っちゃうんですね。中は真っ暗です。採光も悪い、太陽熱も入らない、消毒もできない。そういう所に住んでいるんです。血圧が上がり、風邪をくりかえしひくのも当然です」

このような不衛生な住生活の改善は、しかし簡単なことではなかった。そこで、折柄新築が議決された看護婦宿舎を、雪や寒さに強いモデル住宅として建築することになった。冬季に屋根の雪おろしをする労力は大変なものだった。豪雪を宿命と見なせば、この雪おろしのロスも宿命であった。加藤院長は、村長の要請を受けて、この問題を解決する住宅の設計に熱中した。

東西に傾斜の強い大屋根をつけ、積雪が自然に落下するようにし、南面は二重窓で開口部を広くとり、床を一メートルの高床にして窓が雪にかくれないようにした。落下した雪の圧迫にも負けない構造や、寝室や居間を南面に配置するなどの工夫も施された。また、高床下は物置や農機具の格納場所になるようにした。

この看護婦宿舎の威力は、その冬に直ちに証明された。やがて、医師住宅や、保健婦、大工などの私宅として、このモデルはそれぞれの個性も加味しながら普及していった。のちに、住宅コンクールなども行なわれ、今では村の住宅の七割は、こうしたモデル住宅に生まれ変わっている（多額の資金を要する住宅建設が可能となっていった背景に、村民の健康の向上と農業改革による所得の向上があった）。

沢内村はいろいろな意味で過去の暗さを脱却しつつ、じりじりと前進していった。いわば難渋な匍匐前進を忍耐強く持続していったのである。

昭和三十八年（一九六三年）の元日、晟雄は静かに目覚めた。もはや確実とは思っていたが、悪い知らせも届かず新しい年を迎えて、晟雄はしみじみとした思いにひたっていた。

遂に乳児死亡ゼロの一年間を実現したのである。昭和三十七年の一年間、沢内村で乳児の死亡は皆無であった。

とうとうここまで漕ぎつけた。これでまた村は明るくなり、村びとの胸に自信は強まるであろう。よかった。ほんとうによかった。晟雄は、静かな感動にひたりながら、雪に光って射しこみはじめた新しい陽光をしばし見つめていた。

「おめでとうございます」

「おめでとう」

その朝ミキと晟雄は、いつもの年と同じように新年の挨拶をかわした。ミキにも快挙はわかっていた。言葉はいつもと同じでも、そこには深い意味がこもり、互いの胸に感動を波立たせた。

静かに、道標は打ちたてられたのであった。沢内の悲惨さを象徴するような高い乳児死亡率から僅か五年のとりくみで、初のゼロを達成したのである。県や国保連の話では、わが国の自治体がかつて経験したことのない、日本初の快挙だという。

この知らせは、たちまち県内へ、そして全国へと広がっていった。豪雪の僻村が築きあげたこの偉業は、人びとに感動というより衝撃を与えた。沢内村の生命行政は、一躍全国の注目を浴びることになった。

晟雄に、いつのまにか新しい渾名がつけられていた。「生命村長」あるいは「赤ちゃん村長」というニックネームである。よく渾名をつける連中だと晟雄は苦笑していた。「ナメコ教育長」「ブルドーザー村長」「カマド返し村長」、そしてこんどは「生命村長」だ。晟雄はしかし嬉しかった。そしてこの道標を打ち立てたのは村民の力だ、と思った。そのことが何よりも嬉しかった。

去年の乳児数は百四十三名であり、乳児受診数は延べ五百九十八件、受診率は前年の一八九パーセントに対し四一八パーセントと飛躍的に伸びている。この蔭にどんな労苦があり、自覚の高まりがあったか、晟雄はよく知っている。村びとの中に定着し育ってきた自治の力が、村内外の諸力を呼びよせて大いなることを実現しえたのである。晟雄は、村びとの確信が、今後にさらによき稔りをもたらすことを痛切に願うばかりであった。

乳児死亡率ゼロの喜びにあふれるなか、また沢内村には宿願達成の喜びが重なった。冬季間のバス交通が、遂に県都盛岡まで開通したのである。

二月二日、沢内村最北端の貝沢地区で、冬季間定期バスの開通記念式が行なわれた。その日は冬に珍しい晴朗の日となった。「豪雪突破冬季定期バス」と書かれた横断幕の下に、関係市町村の代表や、県などからの来賓、そして大勢の村民が集まった。長靴姿の晟雄は、そのなかでひときわ嬉しそうであった。

　この冬は、村二台、県二台、借用三台、計七台のブルドーザーが除雪にあたった。初の村長選で冬季交通の確保を訴え、「気ちがい」視された晟雄であった。五年前の冬、太田祖電を委員長にすえて、冬季交通確保期成同盟会を発足させ、ブルドーザー一台を借りてはじめた除雪が、五年にして実を結んだのである。豪雪を宿命として、あきらめと無力感のなかでひたすら穴ごもりのように耐えてきた村びとたちにとって、真冬でもバスが通るということは夢にひとしかった。その夢が現実となったのである。

　努力が報われた、村民の団結が宿命を破った、晟雄は感慨無量であった。

　冬の陽光をさんさんと浴びながら、晟雄は次のような挨拶をした。

「関係各位の血のにじむような努力によって、宿命の豪雪を突破し、冬季定期バスが開通したことに深い感謝と喜びを禁じえません。

　遠い先祖以来、われわれは雪の被害を受けてきました。十年に一回とか二十年に一回とかの被害ではない。毎年毎年、くる年もくる年も雪に泣いてきました。われわれ沢内の人間は、それを天然のもたらす宿命として耐えてきました。しかし、科学の発達したいま、この雪の被害、とくに交通の途絶ということについては、解決しうる力をわれわれは持つにいたったのであります。

　私はこの際、政府に対して、雪の被害を防ぐ根本的な対策を強くのぞみたい。こんどの快挙は、日本でも一つの先例になると建設省では言っています。たんに沢内で雪の征服ができたというのではなく、こうしたことが国の政治のすべてに通ずるものでなければならないと私は考えるのであります」

ある来賓の県会議員は、祝辞のなかで次のように言った。

「あの山伏峠を冬にもバスが通るとは、夢にも考えられなかった。バスが開通して便利になったというだけでない。どんなむずかしい問題に対しても、全村民が団結してあたれば何事も解決できるということを、沢内のみなさんは立証した」

山伏峠に県道が切り拓かれたのは、晟雄とミキが満州にわたった昭和十二年（一九三七年）九月のことだった。盛岡までのバスが開通したのは二十八年（一九五三年）であった。いま、豪雪の冬にもバスは動く。

除雪された県道を、北の盛岡から、南の湯本温泉からそれぞれ臨時のバスがやってきた。横断幕の下にテープが張られた。晟雄がそのテープにハサミを入れた。集まった人びと、貝沢の小中学生たちの万歳が、貝沢の雪原に高々と響いていった。

乳児死亡ゼロ、冬季交通確保の実現によって、沢内村はぐんと明るくなった。

四月、晟雄は国保の「世帯主七割給付」の実施に踏み切った。国民健康保険法が改正になり、十月から世帯主に対する七割給付が行なわれることになっていた。それに先がけての実施であった。

晟雄はまた、往診料も給付の対象とすることにした。五月からは、歯科診療も開始した。

その五月、沢内病院に新しい医師が着任した。増田進という二十九歳の若い外科医だった。

晟雄は、新しい医師に対していつもきびしい態度をとる。彼は、保健活動に認識がないような医師には代わってもらう、ということをよく言っていた。頼みに頼んで来てもらった医師であってもそうであった。

増田医師が赴任したときも、晟雄はすぐ病院へ歩いていった。

「やあ、よく来て下さった。わたしが村長の深沢です」

「増田です。よろしくお願いします」

「加藤先生からよく聞いて、ひとつがんばって下さい」

初対面の型どおりの挨拶が終ったとき、晟雄は言った。

「医者の給料は高いですねえ」

増田はびっくりした。いきなりずかずかと踏みこまれたような感じであった。

「でも、必要だから貧乏村であっても出すんです。しかし出す以上は、医者がサラリーマン根性を出してたら承知しません」

口調はおだやかであった。顔に柔和な笑みさえ浮かべている。しかし、中身としてはひどくきびしく響いた。増田は高給を目当てに沢内へやってきたからだ。増田はいささか反抗するような気分になって言った。

「そんなことはわかっています。医者はサラリーマンじゃありません。地域のための奉仕だと考えていますから、そんなご心配はいりません」

「わかりました。それならいいんです」

深沢村長はからからと笑った。男らしい、いい顔だった。僻村の村長のようではなかった。

この初印象を、増田はいまでもはっきりと覚えている。「このときから深沢村長の術中にはまっていったのかもしれませんねえ。こうして沢内にぼくを長くいさせるようにしたのは、深沢村長なんです。そして村びとがぼくを変えていったんです」と増田は言う。

このときから二十年後の現在も、増田は沢内病院長として献身している。彼は、教授のすすめで沢内へ二、三年のつもりでやってきた。盛岡出身の増田は、東北大学の医学部を出ると、秋田の農村部や山形市内で五年ほど、「トランク」と称する短期の勤務医をやったのだが、医者がいやになり、研究室に入りたいと思うようになっていた。彼は、自律神経の研究をやりたかった。だがそうなれば収入は大幅に減る。それと経済的な家庭事情が重なり、ある程度の貯えがなければ研究医への道に踏みきれなかった。そんな事情のもとで彼は沢内村へ来たのであった。だから、深沢村長の一言はかなりきつく響いたのである。

その増田が、副院長から院長へと沢内村の人間になりきり、晟雄の理念を積極的に受けとめて住民本位をあくまでも貫く医師となっていったのである。医師と医学界に対する抜きがたい不信を抱いていた晟雄が、こうしてまたもすぐれた医師と出会ったのであった。

この年の七月、晟雄は村役場の大きな機構改革を行なっている。五課三室を、三部四室に再編した。総務、事業、厚生の三部である。この機構改革の最大の特色は、保健行政を一元化して総合的な健康管理を推進する体制をつくったところにあった。保険課、福祉課のほかに、新たに健康管理課が設けられた。

晟雄は、保健活動と病院の医療活動の二本立てはとらないと前から言ってきた。また、地域包括医療の実施計画で、病院と自治体の体質改革をめざすとしていた。機構改革は、その具体的あらわれといってよかった。

厚生部長は加藤院長が兼務し、健康管理課長は増田副院長が兼務することになった。医師が行政の中へ入りこんだのである。そして、健康管理課は、役場にではなく病院内に置かれることになった。医師の意見を行政に反映させ、保健活動を病院に深く結合させる健康管理課、この着想は、晟雄と加藤院長の合作であった。

医師・保健婦・衛生担当事務員・栄養士が健康管理課に合したのである。

健康管理課は、その設置の狙いどおりの力を発揮していく。副院長であり外科医である増田は、健康管理課長を兼務するようになって多忙をきわめたが、課長補佐になった照井富太が精力的に実務をこなしてそれを助けた。富太は、この機構改革以前に、病院の事務職員になっていた。加藤院長の要請で、晟雄から強力に口説かれたのである。診療所時代の病院事務の経験がかわれたのだ。富太は家業のこともあり、一週間悩みに悩んだが、結局引き受けた。彼は、健康管理課の主幹として猛烈に働きだした。一方高橋清吉は、病院事務長の兼務をやっと解かれて、保険課長として古巣の役場に戻った。

よき医師と、よきスタッフを擁して、晟雄は生命行政の全面的展開をめざした。健康管理課では、全村民の健康台帳づくりがはじまった。個人ごとに生活環境から既往症まで、健康管理のためのあらゆるデータが記録されていった。

一方晟雄は、九月十五日の敬老の日に「郷土躍進祭」を開催することにし、その準備をすすめていた。沢内病院十周年、診療開始十五周年、国保法施行二十五周年の記念と、「およね地蔵開眼」の祝いを兼ね、乳児死亡ゼロと、冬季交通確保に象徴される村の躍進を村びとと共に喜び合おうという趣旨であった。

およね地蔵とはなんであろうか。なぜその開眼が、村の祝いと結びつくのか。

およねという美しい娘は実在したと伝えられている。彼女は、宝暦の大飢饉のとき、南部藩の容赦のない年貢米取立に泣き苦しむ村びとの窮状を見かねて、名主らのすすめに応じて人身御供となったのである。

この哀話が語り伝えられるうちに、民謡「沢内甚句」で歌われるようになった。

沢内三千石　お米の出どこ
　升ではからねェで　コリャ　箕《み》ではかる

表向きは、南部藩の隠し田とされた沢内通りの豊かさを歌ったように見えて、実は「お米」は「およね」であり、「箕」は「身」であるのだった。支配者への抵抗と、およねへの感謝がこめられた哀感あふれる沢内甚句である。

このおよねの地蔵が、いつの頃からかおよねの生家である新山の吉右衛門の分家にまつられてきた。それを菩提寺の浄円寺に立派な台座を築いて移すことになった。晟雄は請われて、およね地蔵建立協賛委員長になっていたのである。

晟雄はあえておよね地蔵の開眼式を村の躍進祭に結びつけたのであった。沢内三千石と歌われているように、寛延三年（一七五〇年）の古記録に産米二千七百十石とある。しかし、幕藩体制の米仕立て経済のもとで、自然条件に逆らった米づくりと度重なる冷害により、沢内通りの民は長年苦しんできた。飢饉のとき、泣き叫ぶ子どもを河原で打ち殺したり、娘を仙台へ遊女として売ったりしてもなお、死屍累々たる悲惨をくりかえしてきた沢内である。この貧しさが、近代にも尾を引いたがゆえに、沢内の苦難は深かった。

しかし今はちがう。晟雄が村長に就任した昭和三十二年、産米の政府売渡量は七千九百四十六俵であったものが、昨三十七年には二万千二百十五俵と二・五倍以上に伸びた。晟雄の計画では、これが五年後には六万俵に達するはずであった。除雪用のブルドーザーを使って、開田、土地改良、幹線水路の建設を着々とすすめてきた。またそのテンポは早まろうとしている。これもまた派閥をなくして挙村態勢をつくりあげてきた団結の力なのである。

もはや、およねの哀話に象徴される古き沢内は去った。新生沢内の開花がこれからはじまろうとしている。その思いが、晟雄を動かしたのである。

九月十五日の躍進祭が近づいた八月の末、沢内村に思いがけない朗報が飛びこんだ。

第十五回保健文化賞の受賞の栄に輝いたのである。全国七団体八個人の中に沢内村が入ったのであった。沢内村はまたまたマスコミによって全国に紹介され、脚光を浴びることになった。

保健文化賞とは、一般衛生思想の普及と保健施設の強化をめざして昭和二十四年（一九四九年）に設定された権威ある賞であった。主催は第一生命で、後援として、厚生省、朝日新聞厚生文化事業団、NHK厚生文化事業団が名を連ねていた。沢内村が受賞した理由は、いうまでもなく晟雄が一筋に推進してきた生命行政の成果が高く評価されたためである。

反骨、反権威の晟雄であったが、この保健文化賞の受賞は大変に喜んだ。やっと沢内でしていることが認められた、と佐々木助役らに洩らした。

高橋清吉は村長に呼ばれた。

「九月十九日に東京で授賞式があります。わたしと久保議長と、それに保険課長にも行ってもらいますから、そのつもりで」

清吉は嬉しかった。一課長の自分を同道するという村長の温情が胸にしみた。

田がいっせいに色づく頃、村の躍進祭が開かれた。保健文化賞の受賞が重なって、躍進祭はいっそう光彩あるものとなった。

記念式典の席上、晟雄は次のような挨拶をした。

「今回の保健文化賞の受賞は望外のことで、感激のほかありません。生命の尊重はあらゆるものの前提であるという私の信条が、関係者に理解されたことだと思います。あらゆる困難とたたかいながら、今回の名誉に輝くことができたことは、住民が一丸となり挙村一致の態勢で保健活動ととりくんだ成果であり、外部の絶大な応援によるものです。

私は、今後もいよいよ正しい良識をバックとしながら、全住民十割給付の実現等、住民の健康は一切村が責任をもって、安心して生産にはげめるように、さらに生命行政を押し進めてまいりたいと存じます」

強い拍手がしばし鳴りやまなかった。村びとたちの明るく自信にあふれた顔が晟雄には嬉しかった。

会場の定時制高校には、二千人に近い村びとが集まっていた。村の貸切バスで招待された七十歳以上のおとしよりに、例年のように養老手当が支給された。涙ぐむ老人たちに手当の入った袋を渡しながら、晟雄も胸を熱くしていた。その中には、母のタミの姿もあった。「一村一郷のためにつくすのも、立派な男子の人生なのだから」と言った父の言葉が、母の姿に重なって耳によみがえった。「政治にかかわるな」という戒めには背いたが、父はそれを許してくれるだろうと思った。

九月十九日、東京日比谷の第一生命ホールで、第十五回保健文化賞の授賞式が行なわれた。清吉は、久保俊郎議長とともに深沢村長に随行した。壇上に、七団体と八個人の受賞者が並んでいた。深沢村長は、いちばん質素な身なりをしていた。左の胸に、そぐわないような大輪の造花をつけられていた。静かな晴れやかな村長の顔に、にじみでている喜びを清吉は見た。清吉は、しみじみ嬉しかった。

授賞式のあと、昼食の招待があった。豪華な西洋料理であった。清吉は西洋料理のマナーを知らなかったのですっかり緊張してしまった。目の前にあるいくつものナイフやフォークがまばゆかった。

清吉は、横目で深沢村長や久保議長をうかがいながら、その真似をした。しかし思うようにいかなかったし、味わう余裕などまったくなかった。いくら真似をしても、皿の上の料理をさばけなくなった。まわりの人びとが楽しげに会食をしているのに、清吉は汗だらけになり手がふるえた。そのうちに皿の上の肉が飛び出してしまった。

そのとき、清吉の向いにいた受賞者の一人、小田原市長が見兼ねたらしく、

「これは左利きの西洋人の食べる道具だから、右利きの日本人にはこういうほうがいいなあ」

と、フォークを箸のように持って給仕をうながしてくれた。給仕は、清吉の皿のものを細かく切ってくれて、箸をみんなに配った。清吉は、ぼうっとしてしまって何をどのように食べたのかもわからず、かなり食べ残してしまった。

終っての帰り道、

「さすがのアイデア課長も、西洋料理には弱いんだなあ」

と、深沢村長はカラカラ笑った。

清吉はこの年の暮の御用納めの日、深沢村長から表彰を受けた。突然のことだった。役場職員全員の前で、深沢村長は表彰状を読みあげた。

「アイデア賞――高橋清吉殿。

あなたは厚生課長兼病院事務長として、日夜民生安定のために尽力せられ、乳幼児及び老齢者健康管理診療をはじめとする、多くの優れた本村の現実に即応せる政策の発想を立案された功績はまことに甚大であり、他の範であります。依て茲《ここ》に記念品を贈りこれを表彰します。

昭和三十八年十二月二十九日――沢内村長深沢晟雄」

清吉は賞状と記念品を受け取りながら、ホロリとしてしまった。これは世界にただ一枚しかない賞状なのだ、と思った。

記念品は、南部鉄器の牛《べこ》の置物だった。自分も牛のようにじっくり歩いてきた、と清吉は思った。酒を飲みながら、深沢村長の思いやりに泣いた。


昭和三十八年は、晟雄にとって精彩に満ちた一年となった。よいことばかりが続いて薄気味が悪いほどだった。

マスコミが保健文化賞の受賞を機に、大々的な報道をしたため、全国各地から視察団がくるようになった。受賞翌月の十月だけでも百三十名の視察者を数えた。日本医師会会長の武見太郎も来村して激励してくれた。

晟雄は、自戒を要すると思った。脚光を浴びたからといって有頂天になってはいられぬ。上を向くのではなく、このようなときこそしっかりと下を向いて歩くべきだと思った。

沢内村に雪が積もりはじめていた。

御用納めになってほっとくつろいだ日、晟雄は初心にかえるような思いで原稿を書いていた。保健文化賞の受賞者たちで記念の感想文集を編もうというよびかけがあり、その原稿なのだった。

晟雄はコタツに足をつっこんで書いていた。台所では、正月の用意をしているミキの包丁の音が響いていた。

晟雄は、村長就任以来の生命行政のとりくみと、その到達点をくわしく記した。そして、新しいスタートにつくような思いで、結びの言葉を書きつけていった。

「このようにして、暗黒社会にも一条の光がさしかけているとは思うが、あまりにも将来に問題が山積しており、たとえば全住民の十割給付の問題、妊婦の健康管理や病類別、特に本村特有の高血圧対策の問題とか、さらには水道、住宅等環境整備の案件などを考えると、私の頭が重くなる。高い段階の政治解決、いうなれば国の医療制度、又は生命行政の抜本的反省を前提とする課題の多いことを思えば、暗然とせざるをえない。

しかし私は、自分の政治理念を不動のものと考える。内にあっては村ぐるみの努力を惜しまず、さらに外からの温かい理解と協力を信じながら、住民の生命を守るために、私の生命をかけようと思う」

第八章　村びとよ

昭和三十九年（一九六四年）になった。秋の東京オリンピックに向けて、正月から国じゅうが沸いているようであった。

晟雄は、暮に風邪をひいたような感じになり、咳や痰が出た。正月の休みがあけてもそれはおさまらなかった。熱もなく頭痛もしなかったので、煙草の吸い過ぎかと思われた。

「病院へ行って診ていただきなさいよ」

とミキが再三言っても、晟雄はなまくら返事であった。

十五日の成人の日、川舟小学校の講堂で成人式が行なわれた。該当者八十八名のうち、半数の四十四名が出席した。あとはみな村外で働いているのだった。

ひどく寒い吹雪の日だった。晟雄は成人式の挨拶の中でこう言った。

「成人おめでとうございます。みなさんの晴ればれしいお顔を拝見しますと、なにかしらみなさんには、生涯幸福であろうと感じさせられます。にもかかわらず私は、『人生というものは必ずしも幸福ではない』ということを、成人のスタートに贈りものとしたいと思います。みなさんにはあまりにも夢がありすぎる、それは結構なことですが、そうであるからかえって、人生必ずしも幸福でないという、反対の面への思慮が欠けることにもなると思われます。それゆえあえて私は、晴の門出にあたりこのことを申し上げて祝辞と致したいのです」

教育長の太田祖電は、成人者を激励する詩を朗読して祝辞に代えた。

式のあと、祖電は晟雄の咳に気づいた。

「風邪を引いたんじゃありませんか」

「いやいや、煙草の吸い過ぎですよ」

「気をつけないといけません」

晟雄は笑って祖電の注意を受けつけなかった。

この咳や痰は、しばらくしていったんおさまった。しかし実はこのとき、恐るべき病魔が晟雄に襲いかかっていたのである。晟雄は若者たちへあのような挨拶をしておきながら、自身については、幸福の反対面への思慮に欠けていたのだから皮肉である。

晟雄は、ある意味では沢内村民として失格だったかもしれない。あれほど早期診断、早期治療を説き、予防医学の重要さを訴え、村民ひとりひとりの自己健康管理能力の向上に熱心だった晟雄が、いざ自分のこととなると有言不実行だったのである。村長として率先垂範たるべきにもかかわらず、自己の健康への過信もあってか、とりかえしのつかないことをしてしまったのだ。

だがこの時期、本人も、また周囲の者もそんなことにまったく気づかずにいたのである。

晟雄は、二期目の任期最後の新年度に向けて、元気な心で策を練っていた。やるべきことは山積していた。単年度で片がつくものはほとんどなく、保健行政にしても、土地改良や畜産振興の産業行政にしても、また道路などの建設行政も、すべて継続事業なのであった。その中で晟雄は、村道の整備と除雪にいよいよ着手したいと考えていた。保健行政については、家族全員の七割給付と、母子センターの建設に全力をあげるつもりでいた。

また、村民の力を組織化していく上で、前年にひき続き若妻学級を発展させること、現在各地区ごとに結成をすすめている老人クラブの全村的確立をはかることも重要な目標になっていた。

さらに太田教育長と相談しながら、健康教育を強めるために、各学校に保健主事を置くこと、幼児若妻学級、栄養専門婦人学級などを開設することも決めた。また新しい農民教育の場として、農民学校をひらくことも目標にした。

とにかく、なすべきことはありすぎるほどあった。晟雄は、体がいくつあっても足りないのだった。陳情が大嫌いの晟雄は、佐々木助役にその面を委せていたので、その時間を有効に使えるのは助かった。

その分佐々木助役にしわ寄せがいったが、かえって村長が出ていかないほうが、陳情はスムースにいくのだった。東北大学へ日参したときは、村長も忍耐強く低い腰だったが、役人相手となると毒舌が飛びだしてぶちこわしになることも再三あった。除雪によって県道の痛みがはげしくなったとき、県へ陳情に行った。ところが、なかなか思うような返事を得られず、官僚的な答弁が出はじめた。すると村長は、えらい見幕になって言った。

「一日にトラックが何台通るか、そんなことだけを考えて道路行政をやられてたまるか！　いったいそれなら、僻地の道路はいつよくなるんだ！」

知事が来村したときも、村政報告の中で執拗にくいさがった。ある大臣経験者の代議士が沢内村で国会報告演説会を開いた際にも、座談になるや最前列に座って論争をふっかけるという一幕があった。中央から高級官僚が視察に来村することがあり、その折には湯本温泉に席を取って接待することが多かった。清吉が三味線を弾き、佐々木助役が太鼓をたたき、深沢勉《つとむ》収入役が沢内甚句を踊ってもてなしたりもしたが、その際にも役人に向かって毒舌をふるい、相手を辟易《へきえき》させた。「説教村長」という渾名がまた生まれた。このようなことがあって尚更、佐々木助役は村長には陳情をさせないように心がけた。

そんな深沢村長が、村民に対すると一転してやさしくなる。村長がどれほど村民を愛しているかを、佐々木はその一事にも見てとった。かつての地区座談会は、一昨年から移動村民室という名に変わっていた。役場にある村民室を、全地区に移動させて村民との対話を深めるという趣旨で、村側からは村長をはじめとする十五名のスタッフが出かけていくのだった。事前に公聴カードというものを配り、そこに寄せられた質問に答える。そしてさらに、村の広報で、一問一答の形をとって全村民に返していくのである。話しあいはしばしば深夜に及んだ。村長はどんな質問に対しても、丁寧にやさしく答えた。村民との対話をきわめて大切にした。佐々木助役はそばについていて、その態度に敬服した。ほんとうに民主的な人だと思った。

晟雄が体の変調を見せはじめたこの年の春も、移動村民室はひらかれた。晟雄は毎晩のように出かけていった。夫の姿にどこか疲労がたまっているように見かけたミキは、

「たまには休んだらどうですか。体をこわしたらどうするんです」

と注意した。しかし、ミキの言うことを聞く晟雄ではなかった。

「みんながわたしの顔を見て喜んでくれるんだ。少しぐらい具合が悪くても、行かなきゃね」

咳と痰が目立つようなとき、ミキがきびしくしつこく、病院に行くことをすすめると、晟雄は怒るのだった。

「風邪だ、風邪だ。いまは休んでなんかいられない」

「そんなことおっしゃらずに、二、三日入院して精密検査をしてもらったらどうですか」

「仕事を途中でやめて、ニワトリがあちこちに餌を食い散らかしたようなままで、入院しろと言うのか」

とめてとまるような人ではなかった、とミキはのちに述懐している。

晟雄はこの時期、しゃにむに働いている。

「もう一期はやらねばなるまいよ。そうすれば、あとは誰になっても沢内は大丈夫だ」

そんなふうにミキに洩らしたこともあった。五月に、加藤院長の結婚式があった。晟雄はひどく喜んでいた。式は仙台で行なわれ、そのあと加藤が、松島での清遊の場をつくってくれた。村から行った佐々木助役ら数人と、晟雄は松島にくつろいだ。久しぶりの休みの時だった。晟雄はいくらか痩せて見えた。しかしなおかつ、まわりの者は異常に気づかなかった。


母子センターの建設案が進行しつつあった。八月の議会で議決を得たいと晟雄は考えていた。この母子センターは、単なる産院ではない。妊婦の健康管理を高めて未熟児をなくすことはもちろん、栄養の指導や乳児相談など、総合的に母子の健康管理を行なうセンターとして位置づけられていた。

そして特徴的なことは、病院に併設して、事務や給食はもちろんのこと、妊婦の診療や保健婦の活動と有機的に結合させるという仕組みにあった。これは、健康管理課を病院内に置いて、行政と病院を結合させた発想と同根のものであった。

この母子センターの建設に、晟雄は大変に熱を入れていた。はたから見ていて、その打ちこみようはこれまでにないものに映った。大嫌いな陳情にも自ら出かけていった。

この時期は、晟雄の食欲が低下していた。そのかわり、牛乳をかなり飲んでいた。夜は酒席に出ることが多く、帰宅してから食べるということもなかった。ミキが涙を流して説得したのもこの頃だった。厚生省への陳情に上京しようとする晟雄に、とにかく休んで診断を受けなさい、とミキは迫った。しかし、

「いま休むことはできない。目鼻がつくかつかないかの時なんだ」

そう言って晟雄は出かけていった。ミキはこの時期、なぜ晟雄がこのように母子センター建設に熱中したのかわからない。だが、あとになって振り返ってみると、晟雄自身が直接的に手がけた事業は、これが最後となったのである。

こうして母子センター建設の目処がようやくついた。ほぼ原案ができあがった頃、思いがけない問題が起こった。

佐々木助役が、むっとしたような表情で村長室へやってきて言った。

「厚生省ではこんなことを言ってきました。母子センターと病院をくっつけるのでは補助も出せないし、起債もつけられない、会計検査でやられるからというんです」

「なぜですか、今ごろになって」

「村立病院は公営企業法に基づいているし、母子センターは一般会計になっている、それをくっつけるのは行政を混乱させることになり、必ず会計検査でひっかかるというんですよ」

「なんということだ、小役人めが」

晟雄は憤然となっていた。

「まったく官僚には困ったもんだ」

母子センターの建設費は六百七十万円で、そのうち二百四十四万円が一般財源であった。残る四百二十六万円は補助と起債に頼らねばならぬ。腹立たしいが補助なしにはできない。

「じゃあ、こうしようか」

晟雄は図面をひろげて、

「この病院との渡り廊下をはずしてしまおう。そして会計検査が終ったらつないでしまえ」

「なるほど」

晟雄と佐々木助役は笑いあったが、晟雄にはやりきれない思いが残った。沢内村で行なっている生命行政のほんとうの姿というものを、彼らはわかっていないのだ。依然として縄張り根性的にしかものを見ることができない。形だけを見て心を見ないような視察では、くその役にも立つまい。晟雄は、腹立たしさを通りこして妙に淋しくなっていた。

いささか不機嫌になった晟雄を、一転明るくさせるような話題が聞こえてきた。それは次のような話であった。

村の北のほうに若畑という地区がある。そこの長生クラブという老人クラブの会員たちが、親睦活動ということで打ち揃って役場を訪問し、そのあと太田地区にある碧祥寺、浄円寺、玉泉寺の三カ寺をめぐった。三十三名の一行は満ち足りた思いで帰路につき、八幡様の前のバス停でにぎやかに四時過ぎのバスを待っていた。

ところが、やってきたバスはふだんにない超満員で、八幡様の前で降りた人は数人しかいなかった。その日は折悪しく新町地区で国有林材生産協同組合の設立総会があり、その帰りの人びとでバスは一杯だったのである。

梅雨の晴れ間の暑い日照りで、としよりたちはみな汗をかいていた。しかしこれではバスを断念するほかない。やれやれと思ったとき、バスの中から三十人ほどの村びとたちがどやどやと降りてきた。

「おらだは歩っていくから、としよりだちを乗せろ」というのである。若畑や、それより奥の人たちばかりだった。近い所でも十キロはある。

としよりたちは感激してバスに乗った。

「悪いな、申しわけねえな」

走りだしたバスの中で、としよりたちは若い者たちの情に打たれていた。

「長生きしていて、よかったの」

とつぶやいた老人もあったというのだ。

この話を聞いて、晟雄は目頭が熱くなるような思いだった。としよりたちをいたわる思いやりや優しさが、村びとたちの心に育ってきた証拠だと思われた。十キロをこえる遠い道を歩いて帰った男たち一人ひとりに、晟雄は握手して感謝したいとさえ思った。

自分のめざしている生命行政は、たんに統計的に把握される健康度だけを追求しているのではない。明るい心、やさしい心が村びとのくらしの中に満ちていくこと、より人間らしい連帯にあふれたふれあいを創りだしていくことこそ、自分のねがいだった。貧しさの追放は、心の貧しさも合わせて追放するものでなければ意味がない。「長生きしていて、よかったの」と一人の老人がつぶやいたというが、その一言が生まれたというところにこそ生命行政の成果があるのだ。晟雄は、しみじみとした嬉しさにひたっていた。

梅雨があけ、急激に暑くなった。沢内村の山野の真緑に夏の陽光は輝いた。

晟雄の変調が目立ちはじめた。酒に強い晟雄が二日酔するようになり、朝、迎え酒のように、コップ一杯の酒に生卵を落としたものを飲んで出勤した。ミキはおかしいと思った。

一方佐々木助役も、村長室のくず籠がちり紙で一杯になっているのを見て驚いた。痰を拭きとったちり紙なのである。ただの風邪ではないと佐々木は思った。佐々木は、医者に診てもらうようにと再三言ったが、晟雄はとり合わなかった。

佐々木助役は、収入役など村の幹部と話しあった。ミキは加藤院長に相談した。そしてまわりから晟雄を説得した。

晟雄はやっと承知して村立病院へ出向いた。八月初旬のことであった。晟雄は明らかにやつれていた。どんなにすすめられてもきかなかった晟雄が、診察を受ける気になったのは、彼自身わが身の変調を異常と感じたせいもあったろう。それでも晟雄は、「風邪をひいたようで、喉が痛い」と加藤院長に言っただけだった。

さっそくレントゲン透視をすることになった。加藤院長に立会うように言われて、増田もついた。昨年暮に新しく入れた、新鋭のレントゲン装置による透視がはじまった。

加藤も増田も、一目見て息を呑んだ。食道ガンであることがはっきりしていた。しかもかなり悪化している。これでは流動食しか喉を通らないのも無理もないと思われた。よくもまあこうなるまで我慢していたものだ。

直ちに入院して手術する必要があった。一刻も猶予はできなかった。

病名は、本人には一切伏せられた。食道に疾患があること、手術することになるかもしれないこと、横手の立身先生にさらに精密検査をしてもらう必要があること、が本人に言い渡され、その日直ちに平鹿総合病院へ入院することになった。

立身院長の診断も同じだった。つき添っていった佐々木助役と深沢収入役は、立身院長に別室へ呼ばれた。

「ちょっと大変な状態です」

食道ガンで、しかもかなりすすんでいるというのだ。佐々木は目がくらんだ。目の前が真暗になるようだった。

「できるだけのことはします」

という立身院長の言葉にすがるほかなかった。真夏だというのに体がふるえた。

ミキと養子の貞夫にも、事実が簡潔に伝えられた。

「どうかよろしくお願い致します」

ミキは緊張していた。動揺してはいけない、立身先生の手術によってきっとよくなる、自分が嘆いたらおしまいだ、と自分にきびしく言いきかせた。本人には、ガンであることは厳重に伏せられた。

保健婦の田中トシは加藤院長に呼ばれた。

「お願いがあるんです。これは公のことではなく、私的なお願いなんだけれど……」

そう前置きされて、深沢村長が食道ガンの疑いで手術することになったので、その看護にあたってほしいと言われた。もちろん病名については絶対に口外しないよう厳命された。トシは、加藤院長の沈痛な表情を見て、病態がかなり深刻なのだとさとった。驚きがいくらか静まったとき、暗澹とした思いが胸に重く宿っていた。できる限りの看護をしてあげたい、とトシは痛切に思った。

立身院長の執刀で手術が行なわれることになった。

「お世話をかけますね」

晟雄は泰然としていた。信頼する立身院長に手術をしてもらうのも深い因縁だと思われた。

「まあ、委して下さい。ちょっとした腫瘍ですから、心配することはありません。それにしても、早期診断早期治療をこれからは心掛けて下さいよ」

「いや、まったく面目もない」

二人は静かに笑い合った。

手術は六時間に及んだ。トシは手術にも参加した。はっきりとガンであることがわかった。

手術は無事に終った。ほどなくして佐々木助役は、立身院長に呼ばれた。

「ご苦労さまでした。ありがとうございました」

佐々木は、すがりつくような思いで立身院長を見た。奇蹟が起こってほしかった。ガンではなかったと言ってほしかった。

「できるだけのことはしました。これからもしていきます。しかし、大変な状態です」

立身院長の声は重かった。佐々木は何も言えなかった。しばらく二人の間に沈黙があった。遠くでカナカナ蝉が断続して鳴いていた。

「言いにくいことですが、次の村長を誰にするか、考えていかないと……」

低い声だった。佐々木は胸がつぶれた。息が苦しかった。思わず唸っていた。深沢村長の理想を知って、全面的な援助を惜しまなかった立身院長がそう言うのだ。沢内村の生命行政が後退することなく発展するよう、立身院長は心配しているからこそ言ったのだ。しかし佐々木は、考えたくなかった。深沢村長は必ずまた元気になる。そのことだけを信じていきたかった。深い溜息が、いくどもいくども出た。運命の神を、佐々木は呪った。

八月二十九日に開かれた臨時村議会で、母子センターの建築が決まった。これで、来春四月には開所できることになった。

病状が悪化するなかで、深沢村長が懸命に奔走して実現へ漕ぎつけた事業だった。佐々木助役は、病院の村長へ知らせにいった。

「そうか、それはよかった。助役さん、ご苦労さんだったねえ」

体力が回復していない村長は、声は弱かったが嬉しそうに笑みを浮かべて言った。

「とんでもない。村長さんこそ、体加減が悪いなかをご苦労さまでした」

佐々木助役は胸が熱くなった。感情が外に出ないようにこらえるのが苦しかった。

「次は九月議会の七割給付ですからね。それまでには帰っていただかないと困ります」

「それまでには退院できると思うがねえ」

「村長さんがいないと、答弁が大変ですよ」

「いや、わたしがいないほうが、議員諸公もおとなしいんじゃないかな」

村長は静かに笑った。深沢村長は、部下が答弁に窮したりすると必ず助け舟を出した。どんなことでも最後の責任は自分がとる、だから思い切ってやれ、と常づね言っていた。最近こそ議会との関係は良好になったが、一期目の時期は議員のはげしい追及を受けることがしばしばあった。そのようなとき、深沢村長は部下をバックアップして得意の論陣を張った。清吉などは議会答弁が大の苦手で、答弁につまると村長のほうを振りかえり、助けを求めることがよくあった。そのとき、両手でつかんだちいさな机を、無意識のうちに持ちあげるようにして振りかえるので、執行部の面々はおかしさをこらえるのに苦労した。追及する議員も、「清吉課長が机をたがきはじめた」とほくそえんだ。

深沢村長はまた、「見解の相違」ということで、長ながと答弁を展開して相手をくやしがらせることもした。答弁をしながらパタパタと扇子を使いだし、いつまでも話し続けて相手を憤慨させたこともあった。この調子だから、議員のほうにも雄弁な村長をへこましてやりたいという心理が働くのだった。

九月の議会は三十日に開かれた。晟雄はその前日に退院したのだが、出庁はまだ無理であった。このときの議会の冒頭で、佐々木助役は特に発言を求めて、村長の退院を報告し、自宅療養中なので出庁までにはあと一カ月ぐらいかかると言っている。

この議会で、国保の家族七割給付を来年一月から実施することが議決された。これは、国が昭和四十三年(一九六八年)までに家族七割給付の実現をめざしていることに先がけての実施だった。

晟雄は、自宅療養につとめた。一日も早く元気になって出庁したかった。母子センターの建設、国保の家族七割給付という二つの大仕事は実現したが、まだまだやるべきことは山積していた。

母子センターに続いて高血圧対策にとりくむ必要があった。全村民の健康台帳の完備もあった。病院にマイクロバスを置いて、通院患者の便になるよう運行する計画もあった。また、乳児死亡率の低下という前進の反面に、人工妊娠中絶の増加という新しく解決に迫られている問題も発生していた。さらにガン対策の第一歩として、胃ガンの集団検診を早急に具体化する必要があった。

このように、先を見通しながら手を打たなければならないことが目白押しの状態にあった。そういうときに、病いに倒れて村政に空白を与えるような羽目になったことを、晟雄はくやしく思っていた。いまさらながら早期診断、早期治療の大事さを、晟雄は体験をとおして嚙みしめていた。

晟雄はせめて、十月二十四日に開催される第一回村民運動会には、大会長として必ず出席して村民を安心させたかった。この運動会は、村民の体位向上をはかるとりくみの一環として、村民誰もが参加できる楽しめる運動会として企画されたもので、村・農協・体育協会・教育委員会の共催で開かれることになっていた。

晟雄はしだいに元気に回復していったが、痰はとまらなかった。十月十日、東京オリンピックが開会された。晟雄は、自宅の白黒テレビでオリンピックの模様を楽しんで無聊を慰めた。

十月二十四日はオリンピックの閉会式の日でもあった。沢内村では雨が続いていたが、運動会の朝は晴れた。晟雄は八月の初め以来久しぶりに村民の前へ姿を見せた。村びとの間に在ることが、なんともいえぬ喜びとして痛感された。

開会式には五百人の村民が並んだ。大会長としての挨拶を晟雄は特別に考えてこなかったが、明るい顔をした老若男女の村びとたちを目の前にして、体の奥底からこみあげてくる感動とも感慨ともつかぬ情動のままに、晟雄は村びとへ語りかけた。

「村民のみなさん。みなさんには大変ご心配をおかけしましたが、おかげさまでこのように元気になることができました。ほんとうにありがとうございました。

わたしは今、みなさんの明るい元気なお顔を拝見して、感激しています。自信と誇りに満ちた沢内村民が、ここに集まっているのであります。

沢内村は前進を続けております。昔の沢内は暗かったし、ひどく不便で貧しかった。わたしが若い頃、一関の中学校へ行くにも横手まで歩いて出て、そこから新庄へ行き、小牛田《こごた》へ出、そして一関へ行ったものです。その頃はわれわれが行くと、沢内の猿が来たなどと馬鹿にされたものです。沢内の住民は、まるで三文の価値もないように言われたものです。だから人びとは、沢内に生まれたことを卑屈に思いました。

しかしみなさん。今の沢内は昔の沢内ではありません。村民が力を合わせればどんなことでもできる、ということをわれわれは立証しました。そして今、沢内の村民は日本中のどこでも胸を張って歩けるようになりました。もう卑屈になることはない。沢内村民であることに、大きな自信と誇りを持って下さい。これからも、沢内村に生まれたことに自信と誇りが持てるように、みなさん一緒になって力を合わせ、村づくりをすすめていこうではありませんか」

大きくうなずくように人びとの頭が動いた。そして力強い拍手が起こった。拍手は、晟雄が壇をおりるまで続いた。聞いていた佐々木助役は涙がこみあげてきてならなかった。村びとよ自信と誇りを持て、と深沢村長は言った。それは、あとに遺す言葉のように思われた。深沢村長は、挨拶の中でも咳をし、喉には痰がからんでいた。佐々木助役は、感動と辛さがごっちゃになって胸が裂けそうであった。晟雄が大勢の村民の前で語ったのは、ついにこれが最後となったのであった。

いったん元気になった晟雄であったが、その後の病状ははかばかしくなかった。

十一月三日、沢内村は県下の健康モデル村として、第十七回岩手日報文化賞を受賞した。「母子保健のための施設充実と適正な行政によって画期的な業績を記録した」ことが受賞の理由だった。これを報じた岩手日報は、「かつて病人が多く、乳児死亡率も高くて貧乏にあえいでいた沢内村は、

〝健康モデル村〟に生まれ変わって村内に明るさがみなぎり、豊かな村づくりに総力をあげている」と伝えていた。

この授賞式に、晟雄は周囲の反対を押し切って盛岡へ出かけた。晟雄は、岩手日報に恩義を感じていた。かつて、麻薬中毒の医師の医療ミスが起きたとき、そのスクープともいうべき記事を押さえてくれた記者がいた。もしあれが報ぜられていたなら、大変な困難におちいっていたであろう。晟雄は、あの村田源一朗という記者に、一言礼を言いたかった。しかし、授賞式のときには会えなかった。記者の立場も考えて、晟雄はこのエピソードを隠したままにしたが、無理をして盛岡へ出かけたことには、晟雄のそれなりの思いがあったのである。

加藤院長は、晟雄の再入院をすすめていた。横手の立身院長は、放射線による治療のことを考えて、福島医大附属病院を紹介してくれた。本人にさとらせないように、そこへ入院させる必要があった。だが、晟雄自身は、徐々に回復しつつあると思っているせいか、入院を承知しなかった。

十一月十二日、NHKのテレビ番組「郷土に生きる」が仙台から放映された。この中で、「病気とたたかう村長さん」と題されて沢内村が紹介され、それに晟雄は出演している。晟雄はそのときとても元気に見えた。

「村が明るくなりました。わたしは嬉しくてしようがないんです。夢はいよいよひろがって参りました」

そう語る晟雄の明るい表情には、どこにも病気の翳は見えないようであった。アナウンサーに「いつぞやご病気をされたようで」と問われ、

「おかげさまで、すっかり元気をとり戻しております。保健を旗印にしていて、わたし自身が病気するようじゃどうもいかんわけでありまして……」

と笑っている。だが、このときの録音を聴くと、十五分足らずのインタビューの中で十二回も咳をしている。それは喉に痰がからんでの咳である。病気は、本人の意識にかかわりなく、残酷に進行していたのである。

やがて、沢内村に冬将軍がやってきた。

その頃、太田祖電にも異変が起きていた。ガン検診で引っかかったのである。胃を切ることになった。

このころになって、晟雄も自分の病気について慎重になり、福島医大附属病院への入院を承知した。晟雄は、村の幹部たちに「二月の議会までには帰ってくる」と言って留守を頼んだ。

入院の前日の十八日には、議会で特別に発言をして、「もうしばらく療養させていただきたい」と願っている。この議会で晟雄は、議員の質問に対し答弁に立っている。議員の誰一人として、これが村長の最後の答弁になろうとは夢にも思わなかった。

晟雄はこの日、胃の手術をした太田祖電を沢内病院に見舞っている。

「ガンでなくてよかったねえ。わたしもガンではないがもう一度入院してくるよ。来年の選挙のことで相談したいんだが、まあ帰ってきてからにしよう」

晟雄はそう言って、片腕ともたのんだ太田祖電と別れた。これが最後の別れとなった。

福島へ発つ前、晟雄は盛岡の民間放送から頼まれて、新春の挨拶を録音した。これが、村びとの最後に聴いた村長の声となった。

晟雄は、落ちついた口調でこう言っている。

「県民のみなさま、おめでとうございます。私は、民謡沢内甚句の村、沢内村の深沢村長でございます。岩手県も、おくればせではありますが、県、市町村一丸となって後進県という汚名返上のために努力しており、漸次その成果を見つつありますことは、まことにご同慶にたえないところであります。

私は、民主主義の基本でありますところの、人命尊重の考え方を政治の最高、最終の目標と致しまして、今後も住民福祉のため努力致したい所存でございます。ややも致しまするると、現実的な生活のきびしさから、命あっての物種ではなく、物種あっての命というふうに考えやすいのでありますが、モノが命より大事だということになりましたんでは、これは極めて危険な、おそろしい考え方だと申すほかございません。

このすがすがしい希望の躍動する新春にあたりまして、みなさまと共に、あらためて政治の中心が生命の尊厳尊重にあるということを再確認致したいのでございます。そして、経済開発とともに社会開発という佐藤総理大臣の考え方をさらに一歩進めまして、生命尊重のためにこそ、経済開発も社会開発も必要なんだという政治原則を再認識すべきであると存ずるのであります。

昭和四十年は、こうした年になってほしいと心から願いますとともに、みなさまのご健康とご多幸を心からお祈り致しまして、ご挨拶にかえるしだいでございます」

晟雄は、こうして沢内村を発った。

福島医大附属病院に入院した晟雄は、ミキと二人きりになった。彼は、十二月十一日で五十九歳になっていた。ミキと結婚して二十七年。

ベッドの上の晟雄は静かだった。ミキは、夫が不治の病であることをさとってしまったのではないかと、不安を感じた。しつこく再入院をすすめたとき、

「早く死ににいけというのか」

と怒った晟雄だった。何をおっしゃるんです、ときっとなって見せたが、ミキはどきりとしていた。ガンであると知れば、闘病にマイナスとなるとミキは思った。

ミキは、心を鬼にするような思いで、つとめて明るく振舞った。だが、晟雄は日に日に痩せていった。

昭和四十年（一九六五年）を病院で迎えた。病室での正月は味気なかった。ミキは夫を励ますように言った。

「今年は選挙の年ですねえ。あなたはまた、生命行政一本槍でおやりになるんですかねえ。ハラハラさせられるのはもうごめんですよ」

晟雄は微笑した。

「わたしにはそれしかないからねえ。でも、雪という外堀を埋めたし、病気という内堀もだいぶ埋めた。いよいよ本丸にかかるわけだ」

「それにつけても、早くよくならなければ」

「……うむ」

晟雄は、大きな眼で天井を見つめていた。そのようなとき、夫は全快を夢見ているのだとミキは思った。

村から見舞いに来てくれる人びとが、晟雄を慰め、励ました。看病する側にも一喜一憂があった。杜史子夫婦が、孫をつれて時々やってきた。佐々木助役は、多忙をぬってよく来てくれた。

き、晟雄の眼は輝くのだった。晟雄は、完成の迫った沢内第一小学校の校舎建築のことをとても気にしており、佐々木に何かと指示を出していた。佐々木が来ると仕事の話になった。そのと

「佐々木さんには苦労をかける……」

佐々木が帰ると、晟雄はいつもそうつぶやいていた。

佐々木助役と深沢収入役、そして保険課長の清吉と、三人そろって見舞いに来たときがあった。

「村長さん、味噌漬持ってきたから」

清吉はこの前来たとき、晟雄が味噌漬を食べたいと言ったのを覚えていたのだ。

「いやあ、ありがとう。済まないねえ」

晟雄は上体を起こして三人と向かい合っていた。とても嬉しそうな笑顔だった。清吉が生前の晟雄と会ったのはこのときが最後だった。

「二十八日に、西和賀地域の保健調査会の結成総会を開きます」

と佐々木助役が言った。

「そうですか。それはよかった。出られなくて残念だけど、みなさんによろしく言って下さい」

それは、西和賀地域保健調査会といって、地域保健調査会としては、わが国の嚆矢《こうし》となったものである。西和賀地域とは、沢内村と湯田町のことで、古くから沢内通りとして一体性を持ってきた。沢内一村だけでなく、交流の深い地域にひろげて保健自治を推進しようという目的であった。自治体それぞれのセクトをのりこえて、同じ生活圏・医療圏として両町村の保健医療体制を拡充しようというもので、専門家の間でも注目され期待されていた。この組織化の中核に、晟雄はなっていたのである。

「では、それが終ったらまた参りますから」

佐々木助役はそう言って、三人揃って帰っていった。

「わざわざご苦労だったねえ」

と晟雄は三人の背に声をかけた。清吉は、村長がやつれているとはいえ、割合に元気なことに安心さえしていた。これが最後になるなどとはまったく思いもしなかったのである。

晟雄自身、「死ぬ」とか「もうダメだ」といった言葉はひとかけらも吐かなかった。杜史子が見舞いに来たとき、母親のタミの伝言を伝えたことがあった。

「おばあさんがね、お念仏を申せば楽になるからと言ってましたよ」

すると晟雄は、しばらく考えるふうな表情になって、くりくりと眼玉を動かした。そして、つぶやいた。

「驚いたなあ……。驚いたなあ……」

そのあと晟雄は何も言わなかった。ミキや杜史子は、晟雄の言ったことの意味がつかめなかった。

あとになって考えてみると、（おふくろは、俺がくたばるとでも思って言ってよこしたのかな）とでも晟雄が受けとったのではないかと思われ、そうだとすると晟雄は、死ぬことなどまったく考えてもいなかったのではないかと想像されるのだった。

寒に入って、福島も寒い日が続いた。

ふと、二人きりになって静かに向かい合ったあるとき、晟雄はミキをしげしげと見つめながら言った。

「おまえ、一人だけでも生んでおけばよかったなあ……」

「……」

虚をつかれたような感じで、ミキは言葉を失った。夫の言葉にはいたわりの響きがこもっていたが、それは二十七年も前のことを一瞬にして浮かびあがらせていた。すると、二十七年という時間の奥行きが、胸を圧してくるように強く思われた。

この人と二人でずっと歩いてきた。戦争があり、戦後の辛苦があった。村へ帰ってきてからは、ひたすらに走りつづけてきた。いつも二人一緒だった。

それがもしかすると、自分は一人になるのかもしれない。そのことを夫は感づいたのであろうか。これまで一言も言わなかったことを、夫は口にした。あのことについてミキには後悔はない。夫もそうだ。それは二十七年間の生活をとおしてはっきりしている。いいと思うことを一途に実行していくという点で、二人の間には深い一致があった。世間から見れば、自分は馬鹿な女かもしれない。だが、夫はそんな自分を見込んだのかもしれぬ。

ミキは、夫の人間としてのやさしさを感じていた。残されるかもしれぬ者へのいたわりの思いが、今しがたの言葉になったのであろうか。ミキは、返事を返さずに黙っていた。晟雄は静かに目を閉じていた。

寒さが続いた。晟雄は風邪をひいた。発熱があり、衰弱した体に最も恐ろしい肺炎を起こしてしまった。容態は急激に悪化した。酸素吸入が行なわれた。ミキと杜史子は必死になって晟雄を励ました。

村長重態の知らせが村に届いた。その日は午後二時から、西和賀地域保健調査会の結成総会が開かれることになっていた。その準備にあたっていた佐々木助役であったが、知らせを受けるとすぐ、福島へ向かった。そのあとを追うように、太田祖電、久保議長、北島暲男、増田進らが沢内を発った。佐々木助役が病院へ着いたのは午後三時半頃であった。深沢村長は酸素吸入をはずされていた。それを一目見て、佐々木はほっとした。危機を脱出したのだと思った。

「あなた、佐々木助役さんが見えましたよ」

ミキが声をかけると、深沢村長は静かに目をひらいた。よく来てくれた、というように村長の目は語っていた。

「……佐々木さんには、世話になったねえ」

弱い声だった。佐々木は胸がつまって何も言えなかった。村長はかなり衰弱していた。いったん目を閉じていた村長が、また佐々木のほうを見た。何か言おうとしている。

「……学校のこと……頼みます……」

苦しそうな息でそう言った。

「わかりました、村長さん。ご心配なく……」

村長は目を閉じてうなずいたようであった。そのとき、ミキは夫の手がもぞもぞと動いているのに気づいた。何かに引っかかりでもしたのかと、毛布の下から手をすべらせた。晟雄の手はすぐそこにあった。その手をそっと押さえたとき、夫の手に思わぬ力がこもって、ミキの手を握った。ミキは胸をつかれた。ミキも力強く握りかえしてやった。すると、それに応えるように、夫の指にも力が入った。しばらくの間、二人はそのままになっていた。

やがて、晟雄の手の力は弱まり、抜けていった。ミキは、夫の手をなでてやってから、毛布を整えた。

その直後から、晟雄の容態は急変していった。意識が消え、そしてついに戻らなかった。一月二十八日午後四時四十二分、ミキ、杜史子、佐々木助役の必死の叫びも届かず、晟雄は息を引きとった。五十九歳と一カ月余の、早すぎる死であった。


二月三日、沢内第一小学校講堂で、深沢晟雄村長の村葬が行なわれた。

晟雄の死を嘆くかのように、その日の沢内村は吹雪に荒れた。猛吹雪をついて、村内外から八百人をこえる人びとが村葬に参列した。寄せられた弔電は四百通に達し、二十三人が弔辞を捧げた。

生前の人となりや業績をたたえる弔辞に、悲しみは新たに深かった。式場となった講堂に、すすり泣きが広がっていった。参列者一人ひとりの胸に、生前の深沢村長の姿がさまざまに浮かんでいるのにちがいなかった。

役場職員を代表して、職員組合の佐々木正勝委員長は涙ながらに述べた。

「……健康こそが人間の基本であり、生命を大事にすることが政治の根源であり帰着であるという強い哲学的お考え、どちらかといえば利権や無難なコースを求める保守的思潮の強い地方政治家には見られない清新な感覚と情熱は、常に、下積みとなってかえりみられないお年より、自分の言葉をもたない赤ン坊、ゆがめられた社会のひずみにもの言うことを知らない貧しい人々、ここに、その総てがそそがれたと言っても過言ではありません。

……村長さんは常に申されて居りました。国や県が血のかよった政治をやってくれなけりゃ、我々がやるだけだ。格差という重石に苦しむ六千のみなさんを放置することは出来ない。貧困と病気の駆逐なくして社会に幸を求めることは出来ない、ということを……」

ほんとうにそうであったという人びとの思いは、嗚咽になって式場に満ちた。

岩手県国保連の村谷永一郎理事長の弔辞も、人びとの胸をえぐった。

「……あなたは常々、政治の中心課題は村びとの生命、健康を守ることになければならないと言われ、事実そのために懸命の努力をつくされました。人間の生命が何よりも大事だ、とは誰でも言います。しかしあなたのように、その大事な命を守るために本当に努力された村長、町長、市長がどこにあったでしょうか。日本広しといえどもどこにあったでしょうか」

その村長深沢晟雄はすでにいない。住民の生命を守るために私の命をかける、と言った言葉のとおり、命をかけて生命行政のかがり火を燃えたたせ、その途上に倒れたのであった。

遺影は柔和な笑みを浮かべていた。「村びとよ、元気に生きよ」と語りかけているかのようであった。

寒い式場に、人びとのすすり泣きや嗚咽が満ち、それは吹雪のうなりにまじって白皚皚《はくがいがい》たる沢内の天空に流れた。葬送の吹雪は、荒れに荒れた。

終章　火を継いで

深沢晟雄が亡くなった昭和四十年（一九六五年）は、沢内村にとって苦難が重なった年になった。村長の死去、二十年ぶりの大雪、大水害、そして異常気象による冷害と、あたかも晟雄なきあとの前途多難さを思わせるような年となった。しかし、沢内村の人びとは力を合わせてたび重なる困難を乗りこえていった。晟雄のかかげたかがり火は、多くの人びとによって受け継がれて今日に至っている。

晟雄が亡くなった翌年の九月三日、村立沢内病院前の広場に、晟雄の胸像が建てられ、その除幕式が行なわれた。

晟雄を敬愛する人びとによって顕彰会が組織されたのは前年の秋だった。そこで胸像の建立が決まった。ミキは、はじめは夫の胸像建立に反対だった。そういうことを夫は嫌うのではないかと思った。それよりもたとえば、奨学金制度のようなもののほうが、晟雄には合っているように思われた。しかしミキは、人びとの晟雄をおもう心と熱意に感謝して従った。

村内外の千六十人の募金によって出来あがったブロンズ像は、みかげ石の台座に乗っており、その全高は三メートル、山を背後にして、トドマツ、モミジ、ツツジなどの木々に囲まれ、あたりにはコスモスの花が一面に咲いていた。

除幕式には、村内外から三百人をこえる人びとが集まった。孫の七つになる真喜子が除幕のひもを引いた。
秋の日差しが、ブロンズ像に映えた。ミキは、遠くなってしまった夫を見るような思いだった。背後の空に、アキアカネが群れて飛んでいた。
台座には、次のような碑文が刻まれてあった。

深沢晟雄氏業績

沢内村の自然は美しい、然し冬季は激しい豪雪のため原始社会に還り、交通はもとより産業も文化も麻痺状態に入り、しかも生命を維持する最低の医療手段さえ失う生活を余儀なくされた。昭和三十二年深沢晟雄氏村長に就任するや、理想高く正義感の強い氏は、この自然の猛威を克服することを悲願として奔走、ついに村と県都盛岡まで冬季交通を確保し、特に医療行政において老齢者、乳児に対する国保の十割給付を断行、村民の平均寿命の延長、乳児死亡率零の金字塔を打ち樹てたことは、村史に銘記すべき不滅の業績である。六千村民、氏の輝やかしい遺業を受継ぎ、更に本村の発展と飛躍を期し「村民の道標」として、茲に氏の胸像を建立永く記念するものである。

除幕のあと、顕彰会長の小田島常定が挨拶をした。小田島は、晟雄と同じ小学校に学んだ同級生であった。彼は言った。

「ここに建てられた一基の像は、前村長深沢晟雄氏の顕彰であるとともに、六千村民の結集によって獲得した栄光の記念塔であり、道しるべでもあるのです」

道標としてならば、地下の晟雄も承知するだろうとミキは思った。除幕式に集まった人びとは、この道しるべのさし示す方向へ前進することを誓い合った。

晟雄のあとを継いで村長に就任したのは、議長の久保俊郎であった。そのあとを、晟雄が片腕とたのんだ太田祖電が引き継いで現在に至っている。

「日本一」を引き継いだ久保や太田ら村政担当者は、その後幾多の困難を克服して、この道しるべからさらに生命行政の道をのばしてきた。昭和三十七年の初快挙を含めて、乳児死亡ゼロの記録はこれまでに九回を数えている。老人の長生きも増え、村民の健康度は抜群であり、マスコミは、沢内村を「日本一の健康村」と呼ぶようになった。

昭和五十一年（一九七六年）暮れには、ちいさな村にこんな大きな病院が、と驚くような鉄筋コンクリート三階建の沢内病院が新築された。これに、これまた新しい母子健康センターが結びつき、さらに老齢者コミュニティセンターが接続して新築された。晟雄の胸像を間に、前の病院と向かいあう場所である。

現在沢内村では患者送迎バスが無料運行されており、毎朝各地区をまわって通院者を乗せてくる。圧倒的におとしよりが多い。国全体と比較して老齢人口の割合が高く、推計による昭和七十五年（二〇〇〇年）時点に相当するといわれているが、来院するおとしよりは一様に明るく、病気に苦悶する顔は見られない。待合室は、明るくにぎやかなロビーのようで、おとしよりの交流の場にさえなっている。現在七十歳以上の老人は約六百人であるが、そのうち入院しているのは一パーセントの五、六人にすぎない。いかに健康度が高いかを、これは物語っている。

沢内村民の受診率は、岩手県下で最高位に属するが、一件当り、一日当りの費用額は最低である。予防の思想が徹底していることと、健康度の高さを示すものだ。もはや沢内村では、乱受診などという言葉は死語になっているといってよい。

他の市町村が医療費地獄に悩み、年々国保税を引上げているとき、沢内村では前年比一二パーセントの減税を実施し、世の中を驚かせた。昭和五十六年（一九八一年）のことである。沢内村の国保会計は、昭和五十四年から、毎年三乃至四千万円の黒字となっているのである。その原因は、老人の医療費の低下と、ガンなどの難病が減って高額療養費の負担が大幅に低下したためである。

沢内村が国保税を減税した前年の昭和五十五年度、つまり晟雄が老人医療費の無料化に踏みきって二十年目の年、沢内村の老人一人当りの医療費は十七万六千二百三十六円であった。全国平均三十四万三千七百五十一円の、実に半分なのである。ここに明らかに「生命行政」の勝利を見てとることができる。沢内村があらたな脚光を浴びだしたのも当然である。

その沢内村が、再び強い注目を集めることになった。政府は、昭和五十八年（一九八三年）二月から、無料だった七十歳以上の老人医療を有料にした。いわゆる「老人保健法」の施行である。国家財政の危機、現行医療制度の欠陥のツケが、老人にしわ寄せされたのである。

このとき、独自に老人医療の無料化を行なってきた自治体の対応が注目されたが、なんといっても草分けである沢内村の態度が全国から注視されたのである。

沢内村の上に暗雲がたれこめた。老人保健法が成立すれば、厚生省からのきびしいしめつけが予想された。沢内村は財政に余裕があって無料化をやっているのではない。人間の尊厳尊重こそが政治の基本であるという理念に立って、村が必要とするからこそ困難を乗りこえて行なってきたのである。政府の強権に従わざるをえないのか、それとも困難を恐れず沢内村の自治を貫くか、村民は深刻に考えこんだ。このとき、村の老人クラブ連合会が署名活動にとりくんだ。老人医療費十割給付の存続を求める陳情の署名であった。

昭和五十七年の九月議会でこれが審議され、継続審議となった。十月に開かれた「老人の主張大会」では、多くの老人が十割給付の継続を訴えた。村内の世論も、沢内村の自治を守るべきだという方向に固まっていった。

十二月二十二日の定例村議会は全国の注目の的となった。傍聴席は、老人クラブの人びとや報道関係者らで満員となった。

議員は、さまざまな角度から、継続した場合の問題点について熱心に審議をした。太田祖電村長は、答弁で言った。

「二十二年間、老人医療費十割給付を続けてきたことによって、健康なおとしよりが増え、明るい村づくりにも大きく貢献してきました。国保会計もここ数年黒字を続けており、十割給付をやめる理由はありません。交付税の削減など、国からのペナルティーもまず考えられないと思います」

加藤院長のあとを受けて昭和五十年（一九七五年）、院長となった増田も、健康管理課長として議会に出席していた。増田院長も、次のような発言をした。

「国保十割給付の意義を十分に考えていただきたいと思います。村独自の医療体制の確立で、村が明るくなりました。互いに助けあい、財布を気にしないで病院に行けるよう、老人のみならず他の年齢層にも広げてゆかなければならないと思います。これが有料化された場合、おとしよりは健康とおカネをハカリにかけるようになるでしょう。医者に行くカネを使うなら、ほかに使ったほうがという判断が先に立ち、病院への道も遠のきます。老人医療問題は、国では失敗したが沢内村では成功しています」

審議は終結し、採決の段階をむかえた。議長の北島暲男が、賛成議員の起立を求めた。すると、全議員が静かに立ちあがった。

「全員一致、老人医療費有料化反対の陳情は採択します」

北島議長の力強い声が議場に響きわたった。報道関係のカメラのフラッシュが、この瞬間を逃すまいと一斉に光を放った。沢内村の生命行政は、国家の施策に反する形でこのとき守られたのであった。晟雄の説いた「生命と健康については国家が責任を持つべきだ」という考えが思いおこされる。

「国が絶対に責任をもつべきである。そのために共どもに政府に対して反省を求め努力していこう」と晟雄は言っていた。晟雄が生きていたなら、なんと言い、どういう対処をしたか、おそらく晟雄を知る村びとの誰もがこのことを考えたことであろう。晟雄の理念は生きていた。それがこの「全員一致」としての村の総意になったのである。

太田村長は、この村民の総意に立って、六十歳以上の老人医療費十割給付を継続している。ところが厚生省は、法施行後も独自に無料化制度を継続している自治体に対し、さまざまな圧力をかけてきている。法に従ってほしいということなのだが、権力を背景にした圧迫は奇怪というほかはない。晟雄がもし生きていたなら、「わたしは憲法に違反していない」と言うであろう。晟雄を知る村びとの耳には、その声がはっきりと聞こえるのである。これからもなお困難は続くであろう。しかし沢内村の人びとは、自らの道しるべの方向を変えることは絶対にしないであろう。

沢内村は、人びとに大切なことをいっぱい教えている。民主主義とは何か、自治とは何か、そして政治の原点とは何か、ということを沢内村は教えている。そして何よりも、人間への信頼をわれわれによびさましてくれる。力を合わせるならば、人間とは十分に何事かをなしうるのだ、ということをこのちいさな村は身をもって証明しているのである。この意味で、沢内村は確固とした一つの原点である。

沢内村長深沢晟雄死して二十年近い歳月が流れた。人も時代も大きく変わった。佐々木も清吉も、すでに退職している。晟雄を直接知らない人びとがぞくぞくと成人している。

村の社会福祉協議会の事務局長をつとめているミキは、毎日夫の胸像の前を通って職場に行く。雪に埋もれて見えなくなる冬を除いて、朝な夕なに夫の姿に出会う。はじめのうちは辛かったが、今はそのことにも馴れた。死の間ぎわに、ミキの手を握ってきた晟雄の手のあのぬくもりと力を、ミキは忘れない。言葉はなくとも、万感の思いと深い心が伝わりあった。

ミキはふと足を停めて晟雄の胸像を見る。生きていれば、昨今の現実に対してどんな毒舌を吐くことやら、と思うことのみ多い。

あとがき

沢内村のこと、深沢晟雄さんのことを書こうと思い立ったのはいつのことであったろうか。ずいぶんと遠い過去のことで、さだかな記憶はない。乳児死亡ゼロの実現は一九六二年のことであり、それを知ったときの感動は大きかった。深沢さんの死亡記事を新聞に見たことも覚えている。そのあたりからのことだろう。

いつとはなしに、子どもたちに向けて書こうと思うようになっていた。銀行勤めの無名の文学青年の夢だったのかもしれない。だが私は、沢内村を訪れもせず、資料集めもせずにずっと過ぎてきた。沢内村はしだいに脚光を浴び、いろいろと書かれるようになり、私ごときの出番はないと思われた。にもかかわらずいつかは書きたいと、遠い星を見つめるような思いですごしてきた。その星はいつもちいさく、まだ見ぬ沢内村の空にまたたいていた。

こんどの執筆のきっかけをつくってくれたのは、文学青年時代からの友、三好京三さんだった。その友情がなかったなら、星はまだまだ彼方にのみあったろう。私の十冊目の本として、これは世に出ることになった。

思い立ちからはるかな時空をへだてたが、私はかえってよかったように思う。この混濁し行き詰まった時代にあって、深沢さんの村びとと共に生きた姿は、清流のような語りかけを新たにつくりだしてくれているからだ。

取材にあたっては、多くの方々から御協力をいただいた。とくに、未亡人の深沢ミキさんの御厚情には感謝の言葉もない。佐々木吉男さん、高橋清吉さん、照井富太さんにも大変にお世話になった。心からみなさんにお礼を申しあげる。

また、二年余にわたって適切な助言とはげましをいただいた新潮社出版部の鍋谷契子さんに、末尾ながら心からの謝意を記させていただく。


（一九八三年初冬　岩手にて）

復刊へのあとがき

本書は、一九八四年一月に新潮社から刊行され、十九版を重ねた。八八年には新潮文庫にも入った。時を経て、それらが絶版状態になっていた二〇〇一年、日本経済新聞社の「日経ビジネス人文庫」から求められ、『「あきらめ」を「希望」に変えた男　沢内村長深沢晟雄の生涯』と改題のうえ復刊された。しかしそれも「在庫なし」という状態が長くつづいて現在に至った。

今回の二度目の復刊は、思いがけない一本の電話から実現することになった。電話の主は、私の母校岩手県立一関第一高等学校（深沢晟雄さんは、その前身の旧制一関中学校卒）の後輩で、東京で印刷業を営む熊谷幸夫さんという方であった。かつて『村長ありき』を読んで感動したこと、最近の状況下において、この本は是非とも新たに読まれるべき価値があること、しかし古書界でも入手困難であり、なんとしても復刊をしたいと熱く語られたのであった。そして一関まで会いに来て下さった。その熊谷さんの奔走の結果が本書なのである。熊谷さんや多くの協力者、そして、れんが書房新社の鈴木誠さんに、心深くからの敬意と謝意を捧げたい。

最初の復刊は、介護保険制度が発足した直後であり、地方分権や市町村合併などに関する議論も盛んになっており、真の住民自治、地域起こしとは何かが真剣に考えられていた時期だった。

今回の復刊は、「少子高齢化」といわれる状況のもとで、産科・小児科・救急医療にかかわる困難や、消えた年金問題、「後期高齢者医療制度」の強行という問題で怨嗟と怒りの世論が沸騰しており、何より現在ほど命が軽んじられている時代は戦争下を除いてなかったほどの状況にあることから、それなりの必然性をもっていると言って差し支えないだろう。

なぜか。それは、深沢晟雄さんが沢内村長として先駆的開拓的に展開した「生命行政」の理念が、不死鳥のごとき生命力を発揮していることにあろう。

沢内村（現西和賀町）は、岩手県中部の奥羽山脈東側に位置し、わが国有数の豪雪地帯で、かつては「天牢雪獄」とさえ言われ、長いこと豪雪と多病と貧困に苦しんできた村であった。一九五七年（昭和32年）、村長になった深沢さんは、のちに「自分たちで生命を守った村」として知られるようになる「生命行政」を推進した。日本一赤ちゃんの死亡率が高かった村が、六二年（昭和37年）に地方自治体として初と言われる乳児死亡率ゼロを実現した。また、六一年（昭和36年）四月からは、六十歳以上の高齢者と乳児の医療費を無料化した。

沢内村が策定した「地域包括医療実施計画」には、次のような核心部分がある。

幸福追求の原動力である健康を、人生のあらゆる時点で理想的に養護するため、

①すこやかに生まれる（健全な赤ちゃんを産み育てる）

②すこやかに育つ（心身ともに強靭で、聡明な人づくり）

③すこやかに老いる（健康態老人づくり、不老長寿、生存限界年齢・自然死への接近）

この三目標実現のために、

誰でも（どんな貧乏人でも）、
どこでも（どんな僻地でも）、
いつでも（二十四時間、三百六十五日、生涯にわたって）、
学術の進歩に即応する最新・最高の包括医療サービスと、文化的な健康生活の保障を享受することが必要。

このような人間尊重の村政にリーダーシップを発揮した深沢さんには、確固とした理念があった。価値の根本は人間であるという哲学と、憲法第二五条である。人間の尊厳を尊重する民主政治、村人による自治は、なによりも人間の平等性に立脚すべきものであり、人間の生命に格差があってはならないという強い信念であった。

沢内村が老人医療無料化を実施しようとしたとき、岩手県は国保五割給付のもとで十割給付をおこなうことは条例にも反し、行政訴訟を起こされることも十分考えられるとして、思いとどまるよう指導した。これに対して深沢さんは、「裁判されるなら受けて立つ。憲法に照らして、わたしは絶対に負けない。最高裁まで争う。本来は国がやるべきことをやっていない。だから沢内村にとって必要だからやるんだ。国は必ずあとからついてくる」と反論した。この事実からも、深沢さんの確固とした理念が伝わってくる。

この先駆的な地方自治の姿と実践の成果は、人々を感動させ、やがて世論の高まりのもとで、県や国が七十歳以上の高齢者医療費の無料化を実施するのだが、一九八三年（昭和58年）、国家財政の破綻と医療制度の欠陥のツケを高齢者にしわよせする「老人保健法」を強行した。深沢さん亡き後

のそのときも、沢内村は村民共同のあかしとして無料制度を堅持し、地方自治の自主権をつらぬいた。最近の市町村合併により、一部負担に後退せざるを得なかったものの、「生命行政」の理念は脈々と受け継がれており、「生命尊重」が町是とされている。

深沢さんは、「赤ちゃん村長」「生命村長」と村人からニックネームをもらい敬愛されていたが、一方で毒舌家としても有名であった。しかしその毒舌は、国家や権威に対して向けられたものであって、もし現在に生あらば、どんな毒舌を吐くことかと思うことのみ多い。深沢さんの墓も怒りで動くほど、と感じられてならない。

沢内村は、いまも確固とした原点であり、深沢さんの発したメッセージは、強烈な光となってわれわれに差し込んでくる。

（二〇〇八年初夏）

深沢晟雄　略年譜

【及川和男作製】

1905（明治38）12月11日、岩手県和賀郡沢内村の小地主の家に生まれる。父晟訓・母タミの長男。

12（明治45）村立新町小学校太田分教場に入学。

18（大正7）小学校卒業。盛岡中学への進学を希望したが認められず、高等科へ進む。

19（大正8）岩手県立一関中学校入学。弁論部で活躍。

24（大正13）中学校卒業（席次四番・身長5尺3寸）。二高進学を希望するが、父の許しなく帰村。

25（大正14）医師の道に進むことを条件に、二高理科に入学。哲学・文学書を読みあさる。

28（昭和3）父に無断で東北帝国大学法文学部に入学。阿部次郎の「人格主義」の教育を受ける。

31（昭和6）大学卒業。不況で就職難のため、上海銀行に就職。沢内村出身の女医（浜松市・勤務医）田中キエと結婚。単身赴任。《満州事変》

32（昭和7）長女杜史子誕生。上海銀行を退職、台湾総督府に勤務。一家三人台北に住む。

34（昭和9）　台北帝国大学で、刑法など講ずる。　《5・15事件》

37（昭和12）　妻、妊娠中毒で死亡。一人娘を沢内の親許に託す。　《東北大冷害》
帰省中に、落雷で家火災。同じ郡内の十二鏑村菊池ミキと結婚。満州拓殖公社に就職。娘を両親に託して「満州」に渡る。　《日中戦争》

39（昭和14）　公社のあり方に理想は潰え、退職。満州重工業東辺道開発公社に入る。

43（昭和18）　同社を退職。北支開発山東工業会社に入り、溜川炭鉱（山東半島）総務部長に就任。

45（昭和20）　敗戦。中国人民に炭鉱を無事引き渡すため妻と残留。引き渡し後、人民裁判に付されたが、中国人青年の証言により無罪とされ、八路軍により青島近くまで護送される。

46（昭和21）　佐世保に帰国。郷里で農業に従事。青年会の学習講座で講師をつとめ、平和と民主主義の尊さを説く。　《日本国憲法公布》

48（昭和23）　満州拓殖公社時代の上司に強く勧誘され、佐世保船舶工業株式会社総務部次長に就任。再び、村を出る。
朝鮮戦争休戦後の平和不況で人員整理の担当に。それが出来ず、総務部長の職を捨て村に帰る。その直後、父死去。県立黒沢尻南高校沢内分校（定時制）の英語講師となる。

54（昭和29）　9月、教育長に就任。婦人会づくり、広報創刊、ナメコ栽培普及のためつくす。

56（昭和31）　農協専務佐々木吉男（後の助役）と知り合う。行脚と対話で新風を吹き込む。

57（昭和32）　助役に就任。国保係の高橋清吉と知り合う。国保への認識を深める。

　第十八代沢内村長に無競争当選。保健婦設置。保健委員会発足。「豪雪・多病多死・貧困」の三悪追放をめざし、村民と共に立ち上がる。冬期交通確保期成同盟会結成。

58（昭和33）　ブルドーザーによる除雪開始。乳児死亡半減運動進む。養老手当金支給開始。

59（昭和34）　病院体制の混乱を克服、東北大より医師を迎える。乳児死亡率三分の一に低下。

60（昭和35）　65歳以上の高齢者に国保の十割給付を断行（老人医療無料化の草分け）。地域包括医療計画案をつくり、二年間の討議に入る。　《60年安保闘争》

61（昭和36）　国保の十割給付を拡大（1歳未満児と60歳以上）。患者輸送マイクロバス無料運行開始。競争選挙に辛勝して、第十九代沢内村長に就任。

62（昭和37）　乳児死亡ゼロの偉業達成（わが国地方自治体初の快挙）。

63（昭和38）　2月2日、ついに豪雪を突破、盛岡・湯田間の定期バス開通。健康管理課設置、病院内に機構を置く。結核・精神病患者への十割給付。生命行政が評価され、保健文化賞受賞。全国からの視察者激増。

64（昭和39）　母子健康センター建設に着手。8月、食道ガン手術。12月、福島医大病院に入院。

65（昭和40）　1月28日午後4時42分、食道ガンに肺炎を併発して死去。59歳と1カ月。

66（昭和41）　2月3日、猛吹雪のなか村葬。秋、全国に先駆け国保の全世帯七割給付を実施。村民募金により深沢晟雄の胸像を「村民の道しるべ」として建立。岩手日報社「深沢賞」を制定。

83（昭和58）　国、70歳以上の老人医療費無料化制度を改め一部有料化。沢内村は60歳以上の無料化を堅持。全国からの募金で「老人医療無料診療発祥の地記念碑」建立さる。

2000（平成12）　岩手県の乳児死亡率（二・三人）全国最低を記録。

2005（平成17）　11月1日、沢内村閉村、湯田町と合併、西和賀町となる。

2007（平成19）　6月、町内にNPO法人「深沢晟雄の会」発足。10月、NPO法人「輝け『いのち』ネットワーク」発足。10月23日、元助役佐々木吉男氏死去（95歳）。

2008（平成20）　1月14日、深沢晟雄夫人ミキさん死去（96歳）。

主要参考文献

『縮刷版広報さわうち』　沢内村
『村勢要覧』（昭和五四年版）　沢内村
「診療施設と保健活動年表」　沢内村
『挙村体制による健康管理について』　沢内村
『地域包括医療確立への苦闘』　岩手県
『岩手の国保四〇年史』　岩手国保連
「沢内村における保健活動」　深沢晟雄（「岩手の保健」六三号・岩手国保連）
「沢内村の保健活動の歩み」　田中トシ（「岩手の保健」一〇七号・岩手国保連）
『岩手県郷土史年表』　田中喜多美（萬葉堂書店）
『一関一高八十年史』　岩手県立一関第一高等学校
『むらづくり一筋』　照井覚治（清文社）
『野の花　岩手の母子保健に生きた人々』　畠山富而（メディサイエンス社）
『自分たちで生命を守った村』　菊地武雄（岩波書店）
『満蒙開拓青少年義勇軍』　上笙一郎（中央公論社）
『沢内村奮戦記』　太田祖電他（あけび書房）

この作品は一九八四年一月新潮社より刊行された。

及川 和男（おいかわ・かずお）

1933年東京生まれ。現在岩手県一関市在住。24年間の銀行員生活を経て、76年より作家活動。小説・ノンフィクション・児童文学と幅広く活躍中。

日本文芸家協会・日本ペンクラブ・日本児童文学者協会・島崎藤村学会会員。

主な著書に、『鐘を鳴らして旅立て』（新潮社）『森は呼んでいる』『いのちは見えるよ』（岩崎書店）『生命村長深沢晟雄物語』（童心社）『藤村永遠の恋人佐藤輔子』（本の森）など。

村長ありき 一沢内村 深沢晟雄の生涯
2008年7月17日　初版発行
2012年7月17日　第3刷発行

著　者＊及川和男

発行者＊鈴木誠

発行所＊(株)れんが書房新社
〒160-0008 東京都新宿区三栄町10　日鉄四谷コーポ106
TEL 03-3358-7531　FAX 03-3358-7532　振替 00170-4-130349

組　　版＊制作室クラーロ

印刷・製本＊モリモト印刷

 ISBN978-4-8462-0341-2 C0093

天皇帝国の軌跡	「お上」崇拝・拝外・排外の近代日本史	松沢哲成	四六判上製	二八〇〇円
天皇帝国論批判	増補改訂・アジア主義とファシズム	松沢哲成	四六判上製	二四〇〇円
寄せ場21号	特集・貧困と排除	日本寄せ場学会編	A5判並製	二七〇〇円
戦後補償の論理	被害者の声をどう聞くか	高木健一	B6変型判	一六〇〇円
歴史の道標から	日本的近代の思想的アポリア	栗原幸夫	四六判上製	二八〇〇円
九条の根っこ	何故?と問うことからはじめよう	彦坂 諦	四六判並製	一八〇〇円
〈戦後〉の思考	人権・憲法・戦後補償	内田雅敏	四六判上製	一九〇〇円
戦後新劇	新劇は時代とどう対峙したか	日本演出者協会編著	A5判上製	二二〇〇円
演出家の仕事	60年代・アングラ・演劇革命	日本演出者協会編著	A5判上製	一五〇〇円
ドラマティストの肖像	現代演劇の前衛たち	西堂行人	A5判並製	二八〇〇円

＊表示価格は本書発行時点の本体価格です。